教育部 2023 年度高校思想政治理论课教师研究专项一般项目（项目批准号 23JDSZK103）研究成果

主体自觉视域下高校思政课
"三学三疑一提升"教学模式研究

刘玉霞 著

南闲大學出版社

天 津

图书在版编目(CIP)数据

主体自觉视域下高校思政课"三学三疑一提升"教学模式研究 / 刘玉霞著. — 天津：南开大学出版社，2024.7. —ISBN 978-7-310-06617-9

Ⅰ. G641

中国国家版本馆 CIP 数据核字第 2024LF8210 号

主体自觉视域下高校思政课"三学三疑一提升"教学模式研究
ZHUTI ZIJUE SHIYUXIA GAOXIAO SIZHENGKE "SANXUE
SANYI YITISHENG" JIAOXUE MOSHI YANJIU

南开大学出版社出版发行
出版人:刘文华
地址:天津市南开区卫津路 94 号　　邮政编码:300071
营销部电话:(022)23508339　营销部传真:(022)23508542
https://nkup.nankai.edu.cn

天津泰宇印务有限公司印刷　全国各地新华书店经销
2024 年 7 月第 1 版　　2024 年 7 月第 1 次印刷
230×155 毫米　16 开本　13 印张　186 千字
定价:62.00 元

如遇图书印装质量问题,请与本社营销部联系调换,电话:(022)23508339

序

　　思政课是落实立德树人根本任务的关键课程，思政课作用不可替代，思政课教学方法改革至关重要。办好思政课，学生是主体，主体自觉才能身心俱到，思政教育才能入脑入心。本书是深化新时代思政课教学方法改革创新的最新成果。

　　习近平总书记在学校思想政治理论课教师座谈会上指出，"学生的疑惑就是思政课要讲清楚的重点"。这一重要论断聚焦学生主体自觉、关注学生学习疑惑、强调教师教学重点，科学阐明了办好新时代思政课的逻辑理路、目标路径，深刻回答了"怎么培养人"这一重要问题。构建"三疑三学一提升"教学模式，增强学生自学预习遇疑主动性，强化师生合学辩论析疑、研学互动解疑积极性，对深化新时代思政课改革创新，不断提升思政课价值引领力、增强铸魂育人实效，具有重要现实意义。

　　本书以"三学三疑一提升"教学模式的理论借鉴为逻辑起点。以主体自觉为视角分析"三学三疑一提升"教学模式的核心概念、构成要素，分析传统教学模式存在的问题及创新教学模式的原因，以构建实施路径为逻辑终点，针对存在问题提出保障措施。

　　第一，详细阐述"三学三疑一提升"教学模式的的内涵，明确学生需求侧主体性。该模式中"三学"是"自学、合学、研学"，"三疑"是"提疑、析疑、解疑"，"一提升"是"价值引领提升"。该模式从唯物史观角度关注"现实的个人"在"教"与"学"中的主体地位，通过"三学""三疑"实现"三个自觉"，即思想自觉唤醒主体自觉需求，政治自觉增强主体自觉意识，道德自觉提升主体自觉能力。

　　第二，深刻剖析"三学三疑一提升"的构成要素，明确思政课教学方法改革的着力点。弄清楚该模式的教学主体、教学客体、教学载体、教学环体等核心要素是开展思政课教学方法改革的前提，只有深入理解该模式的构成要素，才能全面分析传统教学模式存在的原因，有针对性地构建新的教学模式。

第三，深入探讨构建"三学三疑一提升"教学模式的原因。思政课上学生不是旁观者，而是参与者。一方面，传统教学模式中存在学生对思政课"认知不到位"、课堂上"佛系不互动"、实践活动中"身到心不到"等问题，亟须改革教学模式。另一方面，新媒体的广泛应用拓展教育渗透空间、影响学生的学习方式、促进教学设计的优化等，为实现学生主体自觉提供教学改革媒介，亟须创新教学模式。

第四，科学建构"三学三疑一提升"教学模式的路径和保障措施。在构建过程中，要遵循教师先学与教师后教、教师教法与学生学法、教学实践与教学反思、个人备课与集体备课相结合、被动听课与主动参与、独立自学与小组合学相结合的原则，充分挖掘实践资源，建立学校党委统筹的大思政工作格局，提升教师队伍素质，完善网络教学平台，创新评价机制。该模式从"心"出发，教师用心教、学生用心悟，以"走心"实现创新，以"遇疑""析疑""解疑"增强课堂共情力、代入感，提升学生"自学""合学""研学"参与度、获得感。推动学生从"置身事外"转变为参与其中，让学生爱听、愿说、乐互动，在提高学生脑力、笔力、阐释力的过程中实现师生双向奔赴，达到沟通心灵、启智润心、铸魂育人的效果。

本书是教育部 2023 年度高校思想政治理论课教师研究专项一般项目"主体自觉视域下高校思政课'三学三疑一提升'教学模式研究"（项目批准号 23JDSZK103）研究成果。

本人力图精益求精，但由于水平有限，书中难免有疏漏，恳请专家同仁批评指正！

刘玉霞

2024 年 4 月 16 日

目　录

第一章 "三学三疑一提升"教学模式的理论借鉴

一、主体间性理论

（一）主体性

主体性广义上是指主体具有的一切属性，即自然属性、社会属性和精神属性；狭义上是指人作为活动主体在对客体作用过程中所表现出来的能动性、自主性和自为性。

人作为活动主体的能动性是主体对于客体的自觉性和主体活动的选择性。马克思从劳动主体、社会关系主体角度解释人的本质和主体性，强调人在劳动、社会关系中的主体性。马克思指出，"人始终是主体"，"主体是人，客体是自然"。但是，并非任何人都能成为主体，只有从事实践活动的人才是认识论上的主体、社会的主体、历史的主体，主体性在一定意义上是人的最本质属性。

主体的选择性源于客体的复杂性和主体的目的性。主体进行实践都是根据客体的规律和主体的需要，不同客体对于达到主体目的的不同效能进行选择的。马克思指出，"社会——不管其形式如何——究竟是什么呢？是人们交互作用的产物"。在马克思看来，在一定社会历史中活动着的人才是社会的主体。人作为社会主体，以社会整体的存在和发展为前提，总是以个体与他人结成一定关系的形式出现。社会主体是认识和改造客体的实践者，是有思想意识，并且有目的、有计划地从事实践活动的人，能够认识客观世界及其发展规律。作为主体，人不仅在实践基础上能动地认识客体，而且经过实践能创造性地改造客体。

主体的创造性是通过创造性实践活动表现出来的。马克思和恩格斯指出："对实践的唯物主义者即共产主义者来说，全部问题都在于使现存世界革命化，实际地反对并改变现存的事物。"在改变现存事物的活动中，创造性是人作为实践主体认识世界、改造世界的主体性表现，主体就是"通过实践创造对象世界，即改造无机界，证明了人是有意识的类存在物"。人不仅通过实践创造自然界，而且通过实践创造人本身和人类社会。真正的主体必然是有能力又有权力作为"支配一切自然力的那种活动出现在生产过程中"，主体活动的目的体现了主体的自主性和创造性。

（二）主体间性

主体间性是人的主体性的重要组成部分，是不同主体之间相互交往的特性，也被称为主体际性。马克思一直重视人的主体间性。主体间的交往特征是人的生产活动赖以进行的必要前提。马克思指出："人们在生产中不仅仅同自然界发生关系。他们如果不以一定方式结合起来共同活动和相互交换其活动，便不能进行生产。为了进行生产，人们便发生一定的联系和关系；只有在这些社会联系和社会关系的范围内，才会有他们对自然界的关系，才会有生产。"现实的人是在生产和交往中形成的，人与人在精神上和物质上彼此创造着，交往是个体主体意识形成的重要条件。

交往实践是形成集体主体的重要媒介，是社会主体之间相互作用的基本方式。"个人（他们的力量就是生产力）是分散的和彼此对立的，而这些力量从自己方面来说只有在这些个人的交往和相互联系中才能成为真正的力量。"在交往中，个体的相互认同、相互理解得到实现，思想、观念、情感的共同性得到显示，个体的能力得到集中和扩展。集体主体中，个人主体间通过交往促进人和社会的发展，通过交往对同一客体的认识在思想和行动上形成共识，从而形成社会历史发展合力。社会主体之间通过交往实现社会互动，但在交往中主体对客体的改造均受到其他主体的制约，即"主体改造客体"都承载着"主体与主体的交往"。

交往的根本在于生成主体间性。在社会互动中，参与主体既在改造客体活动中表现出主体性，又与另一主体相互制约，成为交往关系中的主体，具有主体间性。主体间性是主体间关系的规定，是交往过程中所实现的人与人之间的统一性关系，是主体之间相互认识和相互理解的"互识"，也是不同主体对同一事物的理解形成的主体间的共同性和共通性的"共识"。主体间性客观地存在于个体主体、双主体或多主体之间，既体现"主体—主体"与"主体—客体"之间的融合，又体现主体间的协调与合作。总之，主体间性是指主体与主体之间的相互性与统一性，是处于交往过程中的主体共同作用于客体而构建的主体间的关系。

主体性与主体间性相互联系、相互制约。主体间性以个人主体性为基础，是主体间关系的规定；主体性离不开主体间性，主体性是通过主体间性实现的。由此，任何主体意识都不是孤立存在的，都是在主体与其他主体的交往中形成的。主体间性体现在双方的共同了解、彼此承认；交往双方默守规则，使每个人成为平等的自由人，人与人之间结成一个"自由联合体"。主体间性是主体性发展的最高形态，是人与自然、人与社会、个人与类之间的真正统一。

二、行动教学理论

杜威提出行动教学理论，强调行动在认识过程和经验获得中的作用。"从做中学"贯穿教学过程、课程设计、教学组织等教学的各个方面。杜威认为，学生掌握的知识和经验都来自"从做中学"，"人们最初的知识，最根深蒂固地保持的知识是关于怎样做的知识"，教育的价值在于用适当的方法为学生创造成长的机会，遵循获取知识的自然途径，学生从"从做中学"中产生真正的兴趣，从而形成做事或者工作的能力。因此，"给学生一些事情去做，不是给他们一些东西去学；而做事又是属于这样的性质，要求进行思维或者有意识地注意事物的联系，结果他们自然学到了东西"。

杜威的"从做中学"理论，注重教学内容和教学方法的选择。教学内容应该与实际生活、社会发展需要相联系，并且符合学生心理特点，遵循学生认识世界的规律，突出培养学生能力、技术训练和就业准备。杜威认为，经验是有机体与环境相互作用的过程和结果，教育就是促使学生主动经历一切事物，运用合理的教学内容和因材施教的教学方法，将学校里知识的获得与生活环境中的活动联系起来，促使学生从直接经验中提升认识与智力同步发展，促进个性的成长。学生"从做中学"能够直接从活动中体验其中的快乐或痛苦，从中发现事物之间的联系和规律。问题教学法是以解决经验中存在的问题来培养学生的反省思维的。杜威指出："反省思维一旦开始，它便具有自觉的和有意的努力，在证据和合理性的坚实基础上形成信念。"学生通过接触具体事物获得感性认识，通过感性认识思考解决问题的途径并动手解决问题，这一过程培养了学生观察问题、分析问题并独立解决问题的能力。

用马克思主义唯物辩证法来看，行动教学理论有积极的一面，也有不足之处。一方面，杜威主张从做中学习、从经验中积累知识，有利于发挥学生的主动精神、首创精神，培养学生解决问题的能力；从学生实际出发，认真研究和深入了解学生的心理特征和发展规律，因材施教，能激发学生学习的积极性和主动性。另一方面，杜威的"从做中学"，以实用主义经验论为依据，过分强调了行动在教学中的地位，对知与行的关系存在片面的认识；杜威反对教条主义，却陷入了经验主义，"从做中学"强调的是个人亲自尝试的活动，仅适用于初级阶段和低层次的教学工作，是片面的。因此，在教学中，要根据实际情况运用行动教学理论，不要照抄照搬。

三、翻转课堂理论

翻转课堂起源于美国，核心是运用互联网技术打破传统的教学时空限制，学生提前学习教学视频，在课堂上遇到问题与同学和教师讨论，重构课堂教学中的师生关系、教学环节、教学方法等，实现对传统教学的白天听课、晚上做作业的教学方式的创新，从而优化教师知识传授和学生知识内化。

翻转课堂提倡运用PPT、视频等多媒体形式，整合网络资源，充分利用学生课下时间，将独立思考的实践延展到课下，课堂上以师生互动、答疑解惑为主，颠覆传统课堂的教学方式，实现教学过程、教学时间、教学方式、师生角色的"翻转"。

第一，翻转传统教学过程。翻转课堂将传统的教师先教、学生后学转变为学生先学、教师后教，颠倒了传统的教学过程。传统教学中，教师在课堂上讲授知识，学生课下完成作业以巩固所学内容；教师在课上进行知识传授，学生在课下完成知识内化。翻转课堂的教学过程恰恰相反，课前学生根据教师提供的学习任务单观看教学视频，完成知识学习；课堂上，学生根据视频学习遇到的疑问，与同学进行小组研讨、合作探究或向教师提问，通过这样的方式，教师给予针对性的指导，实现学生的知识内化；课后，学生借助教学资源查缺补漏、巩固提升，教师根据学生反馈反思总结。总之，翻转课堂颠覆了传统的教学过程，重新定义了教学过程的各部分功能。

第二，重新分配教学时间。翻转课堂在课堂中减少教师的讲授时间，留给学生更多的互动研讨时间。在传统教学中，教师占用大部分的课堂时间传授教学内容，学生始终处于被动接受的状态；在翻转课堂中，课堂的大部分时间进行的是师生互动、学生互动、小组合作探究、教师答疑解惑、有针对性地辅导等活动，学生在交互协作中完成学习任务，课堂中的师生互动更加有效，课堂教学效率有所提高。

第三，创新教学方式。教学视频资源是实现翻转课堂的前提。教学视频通常是针对某个主题、某个知识点的微视频，学生在学习过程中，可以暂停、回放以便进行思考或记录笔记等，有效调节紧张的学习氛围。在翻转课堂中，学生通过学习教学视频完成知识学习过程，促使教师改变课堂教学方式，设计课堂教学环节，创新教学方法。

第四，转变师生角色。传统课堂教学中，教师是知识的传授者，学生是知识的接受者，二者是主动与被动的关系。在翻转课堂中，教师是课堂的主导者，学生成为课堂的主体，成为学习的中心，是学习的主动者。学生根据课下知识的学习情况，提出疑问由同学之间互相协作解决，教师成为学生学习的助手，对学生的疑点有针对性地进行指导。教师和学生的角色发生了变化，同时也对教师的教学技能提出新的挑战。

四、体验教学理论

体验教学是指在教学过程中，教师遵循学生心理变化，根据学生的认知规律，创设教学情景，让学生通过实践和亲身经历理解知识，发展能力，实现学生心灵与外部世界的沟通。在体验教学中，学生通过多种心理活动激活已有经验，产生新的经验，并将其内化为自我感悟和知识。在体验的过程中，学生融入自由开放的教学情景，在师生交往互动中达到主客观的沟通与默契，使认识得到升华。

在体验教学中，学生直接参与，亲身探索，获取直接经验。传统教学注重间接经验，强调教师对学生知识的灌输、对学生技能的训练，强调学生掌握知识的结果，忽视学生体验和学生掌握知识的过程。体验教学强调在教学过程中提供情景让学生去亲历体验、切身感受，重视教学中学生的感悟和反思。

体验教学注重学生感悟，意味着教学不再是灌输知识的过程，而是引导学生主动联系实践，对事物进行创新的过程。体验教学的核心是教师引导学生在体验中自主学习的过程。

五、建构主义学习理论

建构主义学习理论是诞生于 20 世纪 60 年代，瑞士心理学家皮亚杰和苏联教育心理学家维果茨基是重要奠基人。皮亚杰提出认知建构主义，认为儿童在环境中通过同化与顺应取得与环境的平衡，同时将新知识与已有知识联系起来建构知识。维果茨基提出的"文化历史发展理论"和"内化说"对建构主义的发展影响很大。他认为，人的高级心理机能是社会历史的产物，是各种社会性相互作用不断内化的结果。他强调社会交往在人的高级心理机能发展中的重要性。在教学过程中，社会环境是教育过程的杠杆，学生的个人活动是教学的基础，教师是教育环境的组织者，是教育环境与受教育者相互作用的调节者和控制者。

20世纪后期，布鲁纳推动了建构主义的发展，强调让学生通过探究和解决问题进行学习。在教学过程中，不论是学生凭自己力量得到的发现，还是科学家在尖端的研究领域得到的发现，其实质都不过是把现象重新转换，从而获得新的领悟。

当代建构主义在学习方面的观点主要体现在建构主义的知识性、社会性、整体性和情境性。建构主义的知识性表现在，学生积极主动地累积知识，通过与外界的相互作用，建构自己新的理解，不再是被动的接受者。建构主义的社会性是指，学生对知识的建构在与社会的相互作用实现，每位学生都以自己的方式建构对事物的理解，不同的学生对事物的理解也就不同。学生之间的合作交流，使彼此对知识的理解更丰富和全面。建构主义的整体性强调，学生应从整体学习任务入手，整理完成各级子任务，从而发展知识技能与思维能力。建构主义的情境性是指，学生学习只有在具体的、真实的任务情境中进行学习，才能经历探究过程，掌握解决问题的技能。

第二章　核心概念界定

一、主体自觉的内涵

（一）主体的内涵

主体自觉中的"主体"指的是学生主体，即从事学习活动的人。学生主体以学习为主，拥有一整套权利、义务的规范和行为模式，在学习主体中占据重要地位。学生主体是指学生在学习中的主观能动性，即学生具有个人爱好、兴趣、追求，有个人的独立意志。

学生是具有丰富个性的独立主体。在教学活动中，学生既是自然实体，又是社会实体，教学旨在实现学生的全面和谐发展。学生在教学活动中不仅仅是进行知识接受或技能训练，伴随着智慧与人格活动体验，教学活动成为学生主体身心全面参与的学习实践。

学生是具有发展需要的主体。学生是社会主体的一部分，学生的发展离不开人与人的交往，离不开社会环境对主体的客观需要。在教学活动中，学生主体进行学习实践，不断地反映客观现实的特性和关系，社会客观现实也不断地对学生主体提出新的要求，社会需要与个体需要相互作用从而实现学生多方面的发展。

学生主体在从事学习实践活动时具有目的性、计划性、调控性、创造性，能够改造客观世界和主观世界。

第一，学生主体从事学习活动具有目的性和计划性。学生主体在认识客观世界、尊重客观规律的同时，根据多种学习目标、学习活动有计划地确定学习什么、不学习什么，以及怎样学习，从而表现出主体从事学习活动的选择性。

第二，学生主体从事学习活动具有调控性。学生的主体意识、心理因素能够对学生的学习生活和行为选择进行有目的的调整与控制。

第三，学生主体从事学习活动具有创造性。学生主体在学习活动中不仅能够通过感觉、知觉、表象等形式，获得对事物的感性认识，而且能够运用概念、判断、推理等形式，对感性材料进行加工制作和选择建构，形成理性认识，在思维中构造一个现实中所没有的理想世界。学生主体在学习活动中，可以超越教师的认识、时代的认识，能够突破时代的实践局限，科学地提出不同的观点、看法，并形成有效的学习方法。

第四，学生主体从事学习实践具有改造客观世界的作用。意识的能动作用更重要的在于思想指导实践使之变为客观现实。改变世界或创造世界不仅意味着强化客观世界的变化过程，也意味着创造出世界上原来没有的东西。

第五，学生主体进行学习活动能够改造主观世界。学生通过学习实践能够改变主体的意识和观念世界，改造主观世界即提高学生主体的认识能力，丰富学生的情感世界，提高学生的意志品质。学生主体改造客观世界与改造主观世界是辩证统一的。学生主体只有通过学习实践认真改造主观世界，才能更好地改造客观世界；只有在改造客观世界的实践中，才能深入改造自身的主观世界。学生主体改造主观世界的核心是形成正确的世界观，即观察和处理问题的立场、观点、方法。

（二）主体自觉的内涵

主体自觉是指把"自己的生命活动本身变成自己意志的和自己意识的对象"，主要包含认识自觉、思想自觉和实践自觉。

第一，学生的主体自觉就是学生主体性自觉认识自身和客观存在的现实世界，是主体的觉醒和主体自我意识的确立，是认识活动的自觉性过程。学生主体的认识自觉指的主体不仅仅要认识到学习规律，更要遵循规律、运用规律提升认识自觉。增强学生主体的学习能力、创新能力，是形成正确理念和行动自觉的前提。

第二，学生是有意识的、能动的、从事认识世界和改造世界活动的主体。学生主体在认识活动中，"不断接近存在着的客观世界，使之进入自身内，进入主观的表象及思想内，从而扬弃了理念的片面主观性"，是思想活动的自觉性过程。学生主体通过对价值关系的评价，对真善美的认知，形成思想自觉。思想自觉是指学生主体在思想认知和思想认同的基础上，学生学习的思想觉悟的进一步提高。

第三，学生主体自觉彰显的是学生作为能动的受教育者，主动、自觉地通过学习活动改造自身及客观存在的现实世界，是实践活动的自觉性过程。学生主体行动自觉指学生在学习实践活动中，把握学习规律，积极作为。学生主体通过改造作为客体的实践活动，确认作为自我发展的主体在现实世界中的地位和存在，自觉、积极、理性地去践行自我作为主体的内在目的和使命。

二、教学模式的含义

模式范围甚广，标志着物与物之间隐藏的规律，物与物可以是图像、图案、数字、抽象关系甚至思维方式，是作为范本、模本、变本的样式。

学界对教学模式内涵的理解是多个方面的。有学者指出，教学模式是构成课程和课业、选择教材、提示教师活动的一种范型或计划。还有学者从静态角度指出，教学模式是一种教学理论结构，是教学活动建立的理论基础；从教学过程看，教学模式是一种教学程序，将教学活动各环节之间通过某种程序联系起来，形成系统教学策略。

有学者指出，教学模式是在某一教学原理指导下，围绕教学目标在某一学科教学实践中形成的相对稳定的规范化的操作体系。也有学者认为，教学模式是在一定教学理论指导下建立起来的比较稳定的教学结构框架，是在教学实践基础上建立起来的一整套调控教学活动的方法论体系。还有学者认为，教学模式是连接教学理论和教学方法的中介，是规范教育理论和教育实践之间的桥梁，体现着教学活动的共性，实现了教学活动的多样性与灵活性相统一。

一般说来，教学模式是相对稳定的、系统化和理论化的教学范型，由教学理论、教学目标、教学流程、教学策略、教学评价、教学反思等要素组成，具有整体性、操作性、针对性等特点，促进教学理论与教学实践相互促进，实现教学方法创新。

第一，教学理论。任何教学模式都有一定的理论依据。如，赫尔巴特的阶段教学模式以观念心理学的统觉论为理论依据，杜威的活动教学模式以实用主义为理论基础，斯金纳的程序教学模式以操作性条件反射学说和强化理论为理论基础，布鲁纳的结构主义教学模式以认知发展为理论基础，加涅的信息加工教学模式以现代认知学习理论为理论基础，罗杰斯的非指导性教学模式以人本主义心理学为理论基础，巴班斯基的教学过程最优化教学模式以方法论原理、教育学原理、心理学原理、管理学原理为理论基础，阿莫纳什维利的合作教学模式以人本主义心理学和教学理论为理论基础，洛扎诺夫的按时教学模式以教育学、心理学、神经心理学、精神治疗学等为理论基础，其中占主导地位的是心理学理论。

第二，教学目标。教学目标是教学活动的主体在具体教学活动中运用教学策略、教学技巧所实现的结果，是教与学双方通过合作实现的预期结果。教学是培养人的重要活动之一，在开始教学活动之前，教师和学生都必须明确目标，教学目标要具有导向性、激励性、聚合性。从内容来看，教学目标主要包括知识目标、能力目标、价值目标。知识目标既包含学生获得的知识，也包含学生获得的技能；能力目标，即学生通过教学活动获得的实践能力、思维能力、创造能力等；价值目标有学生思想品德的提高和情意等其他非认知因素的提高。从具体层次来看，教学目标包括课程目标、章节目标、课时目标等层次。

课程目标是指一门课程旨在实现学生知识、技能、情感等方面的提升，涵盖范围广泛，是从整体上对课程教学活动进行规定。

章节目标是一门课程中各个章节的教学活动要实现的学生知情意行的结果。每门课程都会根据其内在的组织和安排划分相对独立的章节，每个章节的内容主题围绕某个方面的目标进行设计。从章节目标开始，各个层级的教学目标开始具体化了。

课时目标是具体到每一节课的教学活动所促成的学生知情意行的变化，指每一节课的不同环节的具体设计和贯彻执行所实现的教学效果，是教学活动中的重要环节。

第三，教学流程。教学流程是指运用相对稳定的操作程序完成教学目标的步骤和过程，旨在促进学生主体的发展，是预设与生成的和谐统一。每种教学模式都有其独特的操作程序，规定教学活动中教与学分别通过哪些步骤完成。教学流程中的基本矛盾是教师在教学活动中提出的学习任务与学生认知能力之间的矛盾。教学流程要根据学生认知潜力，设计螺旋上升的学习任务，向学生有组织、高效率地传授系统的科学文化知识和专业技能，使学生智能、体能、品质等综合能力得到提升。例如，传授教学流程的基本环节包括激发学生学习动机及帮助学生理解教材、巩固知识、运用知识、检查知识、习得技能和技巧。探究教学过程的基本环节包括明确问题、深入探究、做出结论。

第四，教学策略。教学活动不但要遵循教学规律和教学原则，而且需要运用一定的教学策略，实现教学活动中教与学的相互作用。教学策略是教学模式发挥教学效果的重要方式，不同的课程、不同的教学任务、不同的学生需要不同的教学策略。每一种教学模式都有相对稳定的教学策略，包括对教学活动中师生关系、教学内容、教学手段、教学方法、教学组织形式等方面的要求。例如，巴班斯基的教学过程最优化模式的教学策略是综合规划任务、注意全面发展，深入了解学习、具体落实任务，优选教学内容、使教学内容具体化，根据具体情况、选择合理方法，采取合理形式、实行区别教学，确定最优速度、节省师生时间，创造必要条件、提供教学保证，分析教学效率、研究和改善教学。建构主义教学模式的教学原则是以学生为中心、强调情境和"合作学习"的作用、学习环境的设计、信息资源的支持、最终目的是完成意义建构。

第五，教学评价。教学评价是有关教学活动教与学的评价标准和评价方法体系。教学活动是教与学的双边活动，也是一个动态发展的过程，需要根据教学效果不断地对教师的教和学生的学进行评价、反馈与改进。每个教学模式都有一套适合自己特点的评价教学目标、教学效果等教学活动各方面的评价体系。这里以对学生学的评价为主。

对学生学的评价要遵循教学评价规律、依照科学评价指标，运用科学评价方法和技术，规范地对评价对象的学习参与、知识掌握、能力提升、精神培养等方面进行实事求是的评价，旨在促进教学质量提高，促进学生全面发展。

教学评价分类分为诊断性评价、形成性评价和总结性评价。

诊断性评价是在教学活动开始前，对学生主体的学习准备程度进行测定性评价，以便了解学情并采取针对性的教学策略，使教学效果顺利达成进行的测定性评价。诊断性评价一般在课程开始前进行。诊断学生主体的前期学习准备程度的主要方法有以往的相关成绩记录、有针对性的测验、智力测验量表等。根据诊断性评价对学生进行因材施教，挖掘每个学生主体的天赋，进行有目的、有计划的教学安排。

形成性评价是在教学过程中，为保证教学目标的实现而进行的确定学生学习成果的评价，评价内容和范围以章节目标为主，进行多次测试，旨在完善教学过程。第一步确定形成性学习章节的目标和内容，分析其中包含的知识技能和各知识技能之间的层次关系。第二步根据章节重点设计形成性测试试题，所测内容尽量细致全面，测试后教师及时分析学生掌握情况，根据反馈结果改进教学方式，巩固教学效果。第三步在形成性测试后，根据反馈情况和巩固情况，实施平行性测试，目的是复习学生所学知识。

形成性评价侧重教师的教不断完善，学生的学不断改进。教师可依据形成性评价结果，有针对性地分析每个学生的优势和劣势，及时完善教学设计的不足；学生可依据形成性评价结果，查找学习薄弱环节，及时评析存在的问题，不断改进学习方法，提高学习效果。

总结性评价是以教学目标为基准，对学生主体达到目标的程度进行评价，注重考查学生掌握所学课程的程度，系统性强、范围广，通常在学期中或学期末进行一次或两次。

总结性评价主要用来评定学生每门课程的学习情况，通过各学科的内在逻辑性、连贯性，评价学生对知识技能、综合能力、情感价值的学习程度，预估学生在随后学习中取得成功的可能性，有利于教师后续改善教学。

在教学中，教师要将三种评价综合运用，弥补教学评价引起的学生焦虑，及时调整教学过程。诊断性评价需要借助相关的总结性评价资料，形成性评价为总结性评价提供参考，总结性评价为学生提供反馈信息，为教师提供再次教学的起点。

第六，教学反思。教学反思是教师对教学内容、教学过程和教学活动的体会与认识，是对教学效果的自我评价和原因分析，是教师在对教学活动过程和教学效果进行思考后，自己做出教学设计和教学策略的过程，是提高教师教学水平和教学能力的重要手段。有学者提出，教学反思包含对教学活动前的反思、教学活动中的反思、教学活动后反思三个方面。教学活动前的反思主要是教师以"局外人"思考教学计划和教学安排对学生的影响，以及预期取得的教学效果；教学活动中的反思是教师通过师生活动观察学生的行为和反应，分析活动的效果，并用以指导以后决策；教学活动后的反思是教师通过反思完整的教学活动和教学流程，在反思中扮演双重角色，反思是教学理论和教学实践之间的对话，为改进教学提供有益的帮助。

三、"三学三疑一提升"教学模式的内涵

"三学三疑一提升"教学模式运用线上慕课进行线上线下混合式教学探索。"三学"是"自学、合学、研学"，"三疑"是"提疑、析疑、解疑"，"一提升"是"价值引领提升"。该模式从唯物史观角度关注"现实的个人"在"教"与"学"中的主体地位，线上自学预习提疑、课堂合学辩论析疑、实践研学互动解疑激发学生实现"三个自觉"，即思想自觉唤醒主体自觉需求，政治自觉增强主体自觉意识，道德自觉提升主体自觉能力。

（一）线上自学预习提疑，变学习"无目标"为"目标清晰"

"网络已成为广大青少年学习生活的重要空间，要提高网络育人能力，扎实做好互联网时代的学校思想政治工作和意识形态工作。"线上自学提疑充分利用先进的数字技术手段，推进思政课教育教学信息化。引导学生主体通过"中国大学 MOOC（慕课）"视频学习，主动发现问题、提出疑问，变学生主体学习"无目标"为"目标清晰"。

第一，线上自学预习资源紧扣学习主题。资源不局限于课本，而是扩展至网络资源，覆盖范围更广泛。一是从思政课大平台里找突破。学习场域不仅仅局限于三尺讲台，而是敢于走上云端，做"网"上文章。指导学生学习"中国大学 MOOC"的每章节对应视频资源、研讨资源、测验资源，使学生带着问题学，同时从自学中发现问题，旨在引导学生掌握基础理论知识。二是从学习大数据中找规律。筛选"超星学习通"和"学习强国"等网络平台的视频案例，整合与基本理论关联性强的网络资源，扩大自学资源半径，因事而化、因时而进、因势而新，为上好思政课再开源、再赋能、再聚力，提高学生综合能力素养。三是从学生大协作中找力量。将马克思主义基本原理与学生的学习生活实际相结合，使学生通过自主研讨、自主合作、自主探究等活动，树立正确的世界观、人生观、价值观，培育和践行社会主义核心价值观，增强线上自学预习和价值引领实效性。

第二，线上自学预习坚持目标导向。思政课线上线下混合授课，教师有清晰的教学目标，学生有明确的学习目标。在第一次上课时，教师要做到三点。首先，教师在第一次上课时开展问卷调研，分析学生对所上思政课的了解情况、对道德教育的认知、对混合式授课的期望、对教师的期待、对自己在这门课程收获、对自己的整体规划等方面，做到心中有数。其次，向学生阐释上课运用的"三疑三学一提升"的模式、在这一模式中学生的角色、学生线上和线下需要参与和完成的任务，结合学生特点，给学生分小组。教师要让学生了解上课的每一个环节，使学生明确自身在学习中的定位，对自我学习能力进行评估，对所学所获有所预测。最后，让学生了解每一章节的教学大纲和学习目标。学生对所学知识技能、所提高的思维能力、所提升的道德修养等方面，做到心中有方向、学习有动力。

第三，线上自学提疑环节坚持问题导向。问题是矛盾的外在表现，矛盾是事物发展的源泉和动力，反映事物变化发展的内在逻辑。学生主体在"中国大学MOOC"学习视频时，教师提前设置与章节密切相关的问题，引导学生将所学的思政课理论及基本原理与国际国内大事相结合、与学生学习生活相结合。学生主体借助线上自学视频和教材等教学资源进行思考，学会主动思考从而实现从"学会"到"会学"的转变。如"辩证唯物主义认识论"，学生进行在线慕课视频学习、在线讨论、在线测验等，遇到的疑问有："知就是行"是正确的吗？"跟着感觉走"有什么不好？真理与谬误可以相互转化吗？书本知识重要还是社会实践重要？等等。针对这些疑问，学生在线互动讨论、教师在线指导，在教师主导下，学生充分发挥在自学、思考、创新中的主体作用。

总之，线上自学提疑就是结合思政课不同章节的教学内容和要求，围绕课堂学习目标，引导学生主体沿着"知识技能线"进行思考，能够遇疑、质疑和发现问题，切实感悟该课程知识的魅力和马克思主义真理的力量，实现学生由"被动上思政课"向"爱上思政课"的转变。

（二）课堂合学辩论析疑，解决上课"佛系不互动"问题

在思政课课堂上，师生之间存在"不在一个频道"现象，彼此都想逃离对方。约翰·杜威曾指出，旁观者对正在发生的事情漠不关心，只有主动参与者才会关心并愿意进行实践使事情向好的方向发展。由此，解决课堂学生"佛系不互动"问题，提高思政课堂教学效果，须推动课堂教学活动和教学方式的变革，力求在教学过程中师生成为相互关注的焦点。合学辩论析疑是提高学生课堂积极性、主动性的重要手段。

第一，课堂合学引导学生对自学中提疑以及学习重点、难点、热点问题进行合作学习，变"填鸭式"为"启发式"学习。习近平强调："思政课的本质是讲道理，要注重方式方法，把道理讲深、讲透、讲活，老师要用心教，学生要用心悟，达到沟通心灵、启智润心、激扬斗志。"这表明思政课授课的方式方法是将思政课道理讲深讲透讲活的重要路径。课堂合学辩论是学生在合学互动中领悟马克思主义基本原理，参与式解决学习中的疑问并有所感悟，在实践行动中内化马克思主义认同。

第二，合学析疑拓展学生思维边界。高校每门思政课都要将思想性、政治性和理论性相结合，发挥思想政治理论课的关键作用，使学生在合学分析中拓展思维。以"科学技术在社会发展中的作用"内容为例，结合本节课的学习重点难点，将学生提出的疑问整理成四个典型的问题：马克思恩格斯的科技异化思想、科技革命推动经济和社会发展、科技革命促进生产方式的深刻变化、科技革命促进思维方式的变革。将四个主题分别给四个小组，成员通过阅读教材、查阅图书资料和电子资料等方面的分工协作，形成小组合作学习的成果。在课堂展示上，由语言表达能力强、知识掌握熟练的小组代表以 PPT 展示、案例分析、视频讲解等多种形式分享对这一问题的理解。学生展示结束，由各小组同学进一步补充，教师进行点拨。通过合学析疑，实现学生为主体、教师为主导的课堂教学方式变革。

第三，辩论合学激发学生探索隐动力。真理越辩越明。教师要正确定位辩论中的角色，避免过分干预、放任自流、敷衍了事等不当行为，将教学中的难点以辩题的形式呈现给小组，做辩论合学的组织者、指导者和调控者，通过确定学生辩论角色调控场面，以点评助辩、评价学生观众等手段激发学生的兴趣和好胜心，让学生通过真正的思考、自我剖析、查阅资料，通过辩论方式提高对事物规律的认识，揭露对方认识中的矛盾，学会客观全面冷静地分析问题。

合学析疑环节，教师优化教学策略，提高把控能力，及时进行理论点拨，确保课堂理论层次的实现，提高学生的理性认知能力。辩论过程始终发挥学生主体作用,学生辩论后,学生自评与互评、师生评价,给出小组辩论的综合表现,活跃课堂气氛,达到过程性评价激励学生的效果,通过合学培养学生合作、辨疑、析疑问题的意识和能力,实现任课教师"独角色思政课"向学生参与的"多角色思政课"转变。

（三）实践研学互动解疑,解决活动"身到心不到"问题

目前思政课实践教学中,部分教师忽视实践研学的"潜在时空",对师生交往时空关系认知不清导致实践教学的互动性无法有效彰显;未能将基本理论与实践基地相结合设计实践活动,导致实践课教学的理论与实践相脱节。基于此,实践研学互动解疑应坚持主体间性与问题意识相统一,明确学生互动、师生互动促进学生主体特性和精神个性发挥的重要性。

第一,实践研学就是引导学生在红色教育基地交流互动,培养学生解决问题的能力,变被动学习为主动学习。研学互动尤其重视解疑环节的组织管理,设计"四位一体"研学环节,即"寻宝"打卡、撰写一句话心得、拍摄微视频、撰写调研报告,以提高学生学以致用的主动性。一是教师发挥主导作用根据实践主题设计"寻宝"打卡游戏。学生带着"寻宝"任务到基地寻找相关的历史人物、历史事件、关键物证、红色经典语句等,打卡后相互交流"寻宝"过程。二是学生在基地研学中用一句话或一段话撰写体会,将优秀感悟在"超星学习通"平台分享,所感即所得。三是小组学生带着微视频拍摄任务,小组研讨与互讲、老师点拨,实现红色场馆微视频拍摄,自拟视频题目,完善片头片尾字幕制作等,随后将微视频提交平台。四是小组撰写研学报告。小组通过在红色教育基地互动研学,结合教师提供的线上视频资源、经典著作导读等,研讨拟定主题,分工协作撰写调研报告,上传平台展示分享。通过这一环节学生的互动研学,培养学生用马克思主义的立场、观点和方法解决问题的能力。

第二,互动解疑对教师主导作用的要求提高,有助于发挥学生主

体性。一是要求教师转变育人理念，根据学习重点难点精心设计互动研学内容，引导学生深度参与到思政实践课全过程，促进学生知信行相统一。二是要求教师具备高度的马克思主义理论素养和国际国内时事热点的敏感性，设计互动研学内容和主题时，必须切合学生需求，指导学生运用马克思主义的基本立场、观点、方法解决基地研学中遇到的实际问题。三是要求教师拓展教学场域，将线上互动和线下互动、课内互动与课外互动相结合。线上中国大学 MOOC（慕课）平台，科学设计教学内容和教学环节，实现课外互动；线下通过课内解疑环节，通过学生互讲、师生点评，实现课内互动。这一环节，教师要引导学生学会倾听、学会表达、学会思辨、学会评价、学会探究，实现由兴奋点递减的"实践学习"向兴奋点递增的"实践学习"转变。

第三，实践研学互动解疑坚持教学模式的开放性，落实"大思政课"教学理念。实践研学不是封闭的课堂学习，而是时刻与教材内容体系对接、与时代发展对接、与学生的实际对接的线上及课外实践学习；实践研学是调动一切可调动的资源，动员一切可动员的力量，建构线上线下一体化、课内课外一体化、理论实践一体化的立体实践教学活动。在学校大力支持、教师认真主导中，学生爱听爱学爱实践、听懂学会能运用，增强自身参与感、获得感。

（四）价值引领贯穿始终，提升思政课铸魂育人实效

价值引领就是强化思政课的价值认同和思想提升，把引导学生树立马克思主义信仰与思政课实现立德树人的根本任务统一起来。用马克思主义哲学真理的力量感染学生，用"两个必然"的科学社会主义原理教育学生，用中国故事、中国制度、中国道路的内在逻辑引领学生，全面提高学生的思想水平、政治觉悟、道德品质、文化修养，实现"知识传授思政课"向"铸魂育人思政课"的转变。

第一，"三学三疑一提升"混合式教学模式坚持显性教育与隐性教育相统一，既在课堂上引导学生学好马克思主义理论，又在实践中通过互动研学浸润道德素养。在线上线下、课内课外、理论实践均围

绕、关照并服务学生主体，以学生关注的问题出发解决思想问题，促进学生成长成才。

第二，"三学三疑一提升"混合式教学模式用学理逻辑引领教学内容，增强思政课透彻的学理性。马克思指出："理论只要说服人，就能掌握群众，而理论只要彻底，就能说服人。所谓彻底，就是抓住事物的根本，而人的根本就是人本身。"这一模式从线上基础知识的学习到课堂能力素养的提升都关注理论对于现实生活的指导意义，运用透彻的理论分析事物的本质，使马克思主义理论入脑入心，并转化为指导学生进行实践的强大力量。

第三，"三学三疑一提升"混合式教学模式用实践逻辑带动学生成长，实现思政课理论与实践的辩证统一。红色教育基地实践研学发挥红色场馆教师的作用，用独特新颖的方式发挥育人作用，坚持马克思主义唯物论、辩证法和认识论的指导，创新教学方式和学习方法，让马克思主义理论在互动研学中成为行动指南，推动学生在合作探究中成长，在与历史人物和历史事件中厚植爱国情怀，培养奋斗精神，增强综合素质，提升思政课的针对性和实效性，增强思政课铸魂育人实效。

第三章 "三学三疑一提升"教学模式的构成要素

一、"三学三疑一提升"教学模式的教学主体

（一）线下教学主体

1. 教师与学生的角色诠释

在传统线下教育生态中，教师与学生形成了教学活动的两大核心主体，二者在教学过程中扮演着相互补充、相互促进的角色。教师不仅是知识的传递者和技能的指导者，更是学习情境的设计者、学习活动的组织者和学生学习过程的促进者。他们承担着构建适宜学习环境的重要职责，通过精心策划和实施多元化的教学策略，旨在激发学生的探索欲望和学习动力，这些策略可能涵盖互动式讲授、协作式小组讨论、案例研究分析等多种教学模式。

与此同时，学生则被赋予了更加积极主动的学习者身份。他们不再是被动的知识接受者，而是转变为学习过程的主动参与者和知识的积极建构者。学生通过提出问题、参与讨论、开展实践等方式，与教学内容进行深度互动，从而实现对知识的深层次理解和应用能力的进一步提升。这种以学习者为中心、注重主体参与的学习方式，有助于学生在认知、情感和行为等多个层面获得全面发展，促进学生对知识的有效内化和长期保持。

因此，在线下教学环境中，教师与学生的角色定位构成了一个动态、互动的教学生态系统。在这个系统中，教师通过精心设计和实施有效的教学策略来引导和促进学生的主动学习，而学生则通过积极参与和主动建构来深化对知识的理解和应用。这种基于互动和互补的教学关系，不仅有助于实现教学目标，更是提升学生学习效果、培养学生综合素养的重要途径，还为优化教学过程和提高教育质量提供了有

力支撑。

2.线下教学的互动方式

在传统的线下教学环境中，互动被视作有效学习的核心要素之一。具体而言，多元化的互动方式——如小组讨论、角色扮演、案例分析以及互动演示等——不仅极大地促进了学生间的沟通协作，也显著增强了师生间的交流互动。这些具有互动性的教学方法鼓励学生从多维视角和深层次理解掌握知识，进而培育批判性思维和问题解决能力。

从教育心理学角度看，这种多维互动符合建构主义学习理论，能够促使学生从多角度、多层次深入理解和掌握知识。小组讨论为学生提供了一个小范围的思想交流平台，使他们能够分享见解、碰撞思维，从而实现知识的共享与深化。角色扮演则通过模拟真实情境，将学生置于特定角色之中，促使其更深入地理解课程内容，提升学习的情境性和应用性。案例分析法则注重对具体情境的分析与讨论，旨在通过实际案例来锻炼学生的问题解决能力和决策能力，使学习更加贴近现实。而互动演示则以直观性和参与性著称，能够有效激发学生的学习兴趣，提高其学习积极性和参与度。

总之，线下教学的多维互动模式不仅营造了丰富多样的学习环境，更在促进学生全面发展方面具有不可替代的价值。它不仅能够帮助学生扎实掌握知识，更能够在思维、能力和情感等多个层面促进学生成长，使学习成为更加主动、生动和富有意义的过程。这种教学模式的创新性和前沿性在于其紧密结合了当代教育理念和技术发展，为培养未来社会所需的高素质人才提供了有力支撑。

3.教学活动的组织形式

在教学活动中，组织形式的灵活性与多样性已成为当代教育实践的前沿理念。其核心在于构建一个能够使学生学习成效最大化的教学环境。为实现这一目标，教学活动的组织不仅需综合应用多元化的教学方法，更应注重这些方法的创新性与适应性。

现代教学实践中，前置作业、课堂互动讲授、小组讨论、实验探究及现场教学等多种方法被广泛采用。这些方法各有特色，适用于不同的教学场景与学习需求。教师需具备深厚的教育学理论知识与实践经验，以便针对特定的课程内容和学生的个性化需求，灵活选择并优化组合各种教学方法。

在构建教学活动时，以学生为中心的教学理念是不可或缺的。这意味着教师需深入了解学生的学习风格、先验知识和兴趣点，并以此为基础设计教学活动。活动的设计应激发学生的主动性，鼓励深层次的思考，同时促进学生间的协作与交流，以形成一个积极互动的学习氛围。

此外，教学活动的组织还需与课程目标紧密相连，确保每一项活动都能有效推动学生朝着预定的学习成果迈进。这不仅有助于提升教学的连贯性与系统性，更能保证学生在学习过程中有正确的方向性与目标性。

4. 有效利用课堂时间

为了提升课堂时间的利用率和教学效果，教师在课程设计阶段就应当秉持明确的目标导向，对课堂活动的时间分配进行精细化规划。这意味着，教师需在教学计划中明确规定每个环节的时间分配和教学目标，确保课堂上每一分钟都能有效地用于促进学生的学习和理解。

在传统讲授与练习的基础上，教师需要积极探索教学创新，引入多元化的教学方法和技术。这包括但不限于小组讨论、案例分析、角色扮演、互动式多媒体教学等，旨在激发学生的主动学习欲望并深化其理解层次。通过这些多样化的教学活动，学生可以从不同角度和维度掌握知识，同时培养自身的批判性思维和创新能力。

其中，"翻转课堂"模式以其独特的优势，正逐渐成为教学改革的前沿实践。在此模式下，学生通过在课前阅读材料和观看视频来预习课程内容，使课堂时间得以解放出来，更多地用于师生互动、深入探讨和实践应用。这种转变不仅极大地提升了课堂时间的利用效率，还显著增强了学生的参与感和知识内化程度。

同时，教师作为课堂的主导者，需要保持教学策略的灵活性和适应性。他们应时刻关注学生的反馈和学习进展，动态调整教学计划和方法，以确保所有学生都能在课堂上获得均等的学习机会和充分的参与空间。这种对学生个体差异的敏锐洞察和及时响应，是实现课堂时间高效利用和教学质量全面提升的关键所在。

总之，通过目标明确的课程设计、精细化的时间规划、多元化的教学方法以及灵活适应的教学策略，教师能够最大限度地提高课堂时间的利用率，促进学生的全面参与和深度学习，从而推动教育教学的持续创新和优化。

5. 促进学生的主动学习和参与

为了促进学生的主动学习和参与，教师需构建开放且包容的学习氛围，使学生能够自由表达观点和提出疑问。开放性体现在教师鼓励学生分享不同的见解和想法，而包容性则指教师对学生意见的接纳和尊重。

为了实现这一目标，教师可以采取互动式教学活动，如小组讨论、角色扮演、案例分析等。这些活动能够促使学生积极参与课堂讨论，增强他们的学习兴趣和参与感。通过这种方式，学生能够在实践中学习和应用知识，从而加深对课程内容的理解。

同时，教师应通过持续的反馈和评价来认可学生的努力和进步。这不仅包括对学生作业和考试的评价，还包括对他们课堂参与和讨论贡献的认可。通过这种正向反馈，学生能够感受到自己的成长和进步，从而进一步激发他们的学习动力。

此外，教师应当利用技术工具和在线资源丰富教学内容，使学习更加生动和互动。例如，使用多媒体演示、在线讨论板和虚拟实验室等工具，可以帮助学生更好地理解复杂的概念并提高参与度。

最后，教师应鼓励学生自主学习和探索，引导他们提出问题、独立思考和解决问题。通过项目式学习、研究任务和创新活动，学生可以在真实或模拟的环境中运用所学知识，培养他们的创造力和解决问题的能力。

总之，通过创造开放包容的学习环境，实施互动式教学活动，并提供持续的正向反馈，教师可以有效促进学生的主动学习和参与。这种教学方法不仅有助于学生掌握知识，还能够培养他们的批判性思维和沟通能力，为他们未来的学术和职业生涯打下坚实的基础。

（二）线上教学主体

1. 线上教学平台的应用

在当前的教育领域，线上教学平台如中国大学 MOOC（大规模开放在线课程）和小规模限制性在线课程（Small Private Online Course，SPOC）已经成为一种重要的教育工具。这些平台通过提供多样化的教学资源，如视频讲座、互动练习和评估工具，极大地丰富了学习内容和形式，从而满足了不同学习者的需求。

首先，视频讲座作为一种视觉和听觉相结合的教学方式，能够更直观地展示知识点，使学生能够更容易地理解和记忆。其次，互动练习通过模拟真实情境或提供即时反馈，增强了学习的互动性和实践性，有助于学生巩固知识和提高解决问题的能力。最后，评估工具如在线测验和作业提交系统，为教师提供了有效的学生学习情况监控手段，同时也促使学生更加主动地参与学习过程，以期达到更好的学习效果。

除了丰富的教学资源，线上平台还利用论坛和社交媒体等工具促进在线讨论和学生之间的互动。论坛作为一种异步交流方式，为学生提供了一个分享观点、交流思想的平台，有助于培养学生的批判性思维和沟通能力。社交媒体的应用则增加了学习的趣味性和互动性，使学生能够在更加轻松的环境中进行学习和交流。

线上教学平台还具有灵活性和可访问性的优点，使学习不再受时间和地点的限制。学生可以根据自己的时间和学习节奏来安排学习，从而实现自主学习。此外，这些平台通常提供多种语言的课程，使全球学习者都能接触到优质的教育资源。

总的来说，线上教学平台通过整合多元化的教学资源和工具，为学生和教师创造了灵活、互动和高效的学习环境，有助于提高教育质量和学习效率。随着技术的不断进步和教育理念的创新，线上教学平台的应用将会越来越广泛，并将对教育领域产生深远的影响。。

2. 学习资源的分享

在当今数字化时代，线上平台在教育领域的应用日益广泛，其中一个显著的趋势是促进学习资源的共享。学习资源共享不仅能够拓展学习者的知识视野，还能够提高教育资源的利用效率，降低教育成本。

首先，开放教育资源（Open Educational Resources，OER）的使用是线上平台促进学习资源共享的重要途径。OER 指的是以开放许可证发布的教育资源，包括教科书、课程材料、视频、测试题等。线上平台通过提供易于访问和使用的 OER，使教师和学生能够免费获取和利用高质量的教学资源，从而打破传统教育资源的获取壁垒，促进知识的自由流动和共享。

其次，线上平台还提供了便捷的渠道，使教师和学生能够相互分享知识和材料。例如，教师可以通过线上教学平台上传自己的教案、讲义和视频等教学资源，供学生学习和参考；学生也可以通过在线论坛、社交媒体等渠道分享自己的学习笔记和心得，与其他学习者交流互动。这种双向的资源共享机制，不仅有助于构建开放的学习社区，还能够促进教与学的相互促进和深入发展。

最后，线上平台的发展还推动了学习资源共享的国际化和多元化。通过跨国界的线上教育平台，来自不同文化背景的教师与学生可以分享和获取全球范围内的教学资源，促进了教育资源的全球化流动，加深了不同文化之间的理解和交流。此外，这种多元化的资源共享还能够满足不同学习者的特定需求，促进个性化学习的发展。总的来说，线上平台在促进学习资源共享方面发挥着重要作用，为教育的创新和发展提供了新的可能性。

3. 在线讨论和互动

在线讨论和互动是线上教学环境中的重要组成部分，它们为学生提供了交流思想、深化理解和促进学习的平台。

首先，实时在线讨论是一种同步交流方式，它允许学生和教师在同一时间进行交流和讨论。这种方式可以模拟传统课堂上的即时讨论，使学生能够即时提出问题、分享观点和做出反馈。实时在线讨论的优势在于即时性和互动性，它能够提高学生的参与度和积极性，提高学习的动态性。

其次，同步和异步沟通工具是线上教学中常用的交流工具。同步工具，如视频会议和在线聊天室，允许学生和教师在同一时间进行交流，有利于即时反馈和互动。异步工具，如电子邮件、论坛和讨论板，则允许学生在任何时间参与讨论，为学生提供了更灵活的学习时间安排，有助于学生进行深思熟虑的回应和更广泛的参与。

最后，线上讨论和互动方式对学生学习的影响是显著的。这些互动方式能够提高学生的参与度和积极性，促进对知识的深入理解和应用。通过在线讨论，学生能够在具有支持性和互动的环境中建立联系，增强学习社区的感觉。此外，这些互动方式还能够培养学生的批判性思维能力、沟通技能和协作能力，为他们的未来学习和职业生涯打下坚实的基础。

4. 学习灵活性的增强

学习灵活性的增强是线上学习环境所带来的显著优势之一，它允许学生根据个人的需求和偏好，按照自我节奏进行学习，并在时间和地点上享有更大的灵活性。这种灵活性不仅有助于提升学生的学习效果，还能够帮助他们更好地平衡学习、工作和个人生活。

首先，线上学习环境为学生提供了按照自我节奏学习的机会。在传统的教学模式中，学生的学习进度往往受到固定课程安排的限制，难以根据个人的学习速度和兴趣进行调整。然而，在线学习环境允许学生根据自己的实际情况，自主安排学习时间和进度。他们可以选择在精力充沛的时候集中学习，或者在碎片化的时间里巩固知识点。这种自我安排学习节奏的学习方式有助于提高学生的学习效率和自主性。

其次，线上学习环境赋予了学生在时间和地点上的高度灵活性。

传统的课堂教学要求学生按时到指定地点上课，这对于许多在职人员或有其他时间安排的学生来说是一种挑战。而线上学习环境打破了这一限制，学生可以在任何有网络连接的地方学习，无论是家中、图书馆还是咖啡店。同时，学生还可以根据自己的时间安排，选择白天或夜晚进行学习，避免了与其他事务的冲突。

最后，学习灵活性的增强有助于学生更好地平衡学习、工作和个人生活。在现代社会中，许多人需要同时面对学习、工作和生活的多重压力。线上学习环境允许他们根据自己的实际情况，灵活调整学习进度和时间安排，从而更好地协调各方面的需求。例如，学生可以利用晚上的时间在线学习第二专业，这样既不会影响白天的正业学习，又能保证选修专业有足够的学习时间。同时，学生也可以根据自己的兴趣和需求，在合适的时间段内进行深度学习或放松调整，保持身心的平衡与健康。

总之，学习灵活性的增强为学生提供了更多自主性和选择权，使他们能够根据自身的需求和情况灵活安排学习计划，从而提高学习效率和生活质量。这一优势不仅体现在学习过程的自由度和个性化上，还体现在学生能够更好地掌握知识，发展自己的潜能，并实现个人目标和职业发展。因此，线上学习环境通过增强学习灵活性，为现代教育带来了重要的变革和发展机遇。

5. 资源的可获取性

资源的可获取性是线上平台在促进教育公平与普及化进程中不可忽视的一环，尤其在关注地理位置偏远或资源有限的学生群体时，这一点显得尤为重要。线上平台通过其独特的优势，有效提高了学习资源的可访问性，为学生带来了前所未有的学习机会。

首先，线上平台打破了地域限制，使得优质教育资源得以在全球范围内共享。传统教育模式受限于物理空间和教学资源，往往使得偏远地区的学生难以接触到高质量的教育资源。而线上平台则通过互联网技术，将优质教育资源传输到每一个角落，无论是城市还是乡村，学生都能够获得同等的学习机会。

其次，线上平台通过多样化的资源形式，满足了不同学生的学习需求。在线平台不仅提供了文字、图片等静态资源，还整合了视频、音频、互动软件等多媒体资源，使学习内容更加生动有趣，易于理解和吸收。这种多元化的资源形式尤其适合那些地理位置偏远或资源有限的学生，他们可以通过线上平台，以更加灵活和自主的方式获取所需的学习资源。

然而，我们也必须正视数字鸿沟问题对在线学习可访问性的影响。数字鸿沟指的是不同社会群体在信息技术获取和使用方面存在的差距，这可能导致一些偏远地区或经济困难的学生无法充分享受到线上平台带来的教育资源。为了缩小这一差距，政府、教育机构和社会各界需要共同努力，推动互联网基础设施的普及和优化，降低线上学习的技术门槛和成本，确保更多学生能够平等地获得在线学习资源。

6. 技术与教育融合

技术与教育的融合是当代教育领域的重要趋势，它将先进的技术手段与教育实践相结合，创造出新的学习模式和教学方法，从而有效提升教育质量和效率。

首先，技术与教育融合的内涵涵盖了多个维度，包括但不限于数字化教学资源的开发与应用、在线教育平台的建设和运营、人工智能在教育中的应用等。这种融合不仅改变了传统的教育模式，也为教育提供了更加丰富、灵活和个性化的学习资源和环境。

其次，技术与教育的融合催生了一系列新的学习模式和教学方法。例如，基于大数据和人工智能技术的个性化学习系统，能够根据学生的学习特点和需求，提供定制化的学习资源和教学方案；在线协作平台和虚拟现实技术使得远程教育和虚拟实验室成为可能，极大地拓展了学习的时空范围。

最后，技术与教育的融合促进了知识的创造、分享和应用。一方面，技术手段的应用使得教育资源的创造和更新更加便捷高效，知识的传播范围也得以扩大；另一方面，技术的引入增强了学习者的互动性和参与度，有助于知识的深度理解和应用。此外，技术还能够通过数据分析和反馈机制，为教育决策提供科学依据，推动教育的持续改进和创新。

二、"三学三疑一提升"教学模式的教学客体

（一）文本客体

1. 文本客体的内涵

文本客体在教学领域中具有丰富的内涵。它不仅是教学内容的载体和教学方法的媒介，还是教学评估的重要依据。在教学过程中，教师应充分发挥文本客体的作用，引导学生深入理解和掌握其中的知识和技能，为他们的全面发展奠定坚实基础。

首先，在教学语境下，文本客体通常指的是被用作教学材料的文本，如教科书、课程资料、文学作品等。这些文本不仅是信息的载体，更是知识、文化和价值观的传递工具。在教学过程中，文本客体的内涵体现在多个方面。突出体现在它是教学内容的重要组成部分。教师通过解读和分析文本客体，将其中的知识、技能和思维方式传授给学生。文本客体因此成为学生学习的主要来源之一，帮助他们构建自己的知识体系和认知结构。

其次，文本客体在教学方法上扮演着关键角色。教师可以通过不同的教学策略，如讲解、讨论、案例分析等，引导学生深入理解和掌握文本客体中的内容。这些教学方法的有效运用，能够激发学生的学习兴趣，提高他们的思维能力和解决问题的能力。

最后，文本客体还是教学评估的重要依据。教师可以通过对学生在文本客体理解、分析和应用方面的表现进行评价，了解他们的学习成效和进步情况。这种评估方式有助于教师及时调整教学策略，以满足学生的个性化需求，促进他们的全面发展。

2. 文本客体在"三学三疑一提升"教学模式中的运用

在教学领域中，文本客体的运用是极为广泛且关键的。这不仅因为文本本身作为知识的载体，传递着各类学科的基础信息和深层次思

想，还因为文本客体在教学互动中起到了至关重要的作用。

首先，从教学内容的角度看，文本客体是教学内容的主要来源。无论是教科书、参考资料，还是课堂讲义、课件，都是以文本形式呈现给学生的。这些文本客体不仅提供了学科知识的基础框架，还为学生进一步探索和思考提供了素材。教师在备课时，会对这些文本客体进行深入的研究和解读，提炼出教学重点和难点，进而设计出有效的教学策略。

其次，从教学方法的角度看，文本客体的运用也直接影响着教学方法的选择和实施。例如，在阅读教学中，教师会引导学生对文本进行深入的分析和理解，通过提问、讨论等方式激发学生的学习兴趣和思维能力。在写作教学中，教师会指导学生如何构思、组织和表达文本内容，培养学生的写作能力和创造力。这些教学方法的实施都离不开对文本客体的细致分析和合理运用。

最后，文本客体在教学评价中也占据着重要的地位。学生的学习成果往往需要通过文本形式进行呈现和评价。例如，作业、论文、考试等评价方式，都需要学生事先以文本形式展示自己的学习成果。教师在评价过程中，会根据文本客体的质量来评估学生的学习效果和理解程度。

总的来说，文本客体在教学领域的运用是全方位的，它不仅涉及教学内容的传递、教学方法的选择和实施，还影响着教学评价的方式和标准。因此，教师在教学过程中应充分认识到文本客体的重要性，合理运用各种文本资源，提高教学的有效性和针对性。同时，学生也应积极参与文本的学习和理解过程，提高自己的学习能力和综合素质。

3. 文本客体在 "三学三疑一提升" 教学模式中运用的效果

首先，在 "三学"（即自主学习、合作学习、研究学习）阶段，文本客体为学生提供了丰富的学习资源。学生可以通过阅读不同类型的文本客体，如文学作品、历史资料、科学论文等，自主获取知识和信息，培养阅读能力和自主学习能力。同时，这些文本客体也为学生的合作学习提供了有力的支撑，他们可以在小组内共同分析、讨论文本内容，促进思想的交流和碰撞。

其次，在"三疑"（即提疑、析疑、解疑）环节，文本客体扮演了重要的角色。教师可以利用文本客体中的复杂情境和深刻内涵，巧妙地设置疑问，激发学生的好奇心和求知欲。学生在析疑的过程中，需要深入阅读文本，理解作者的观点和意图，锻炼自己的分析、综合和评价能力。同时，他们也可以对文本内容提出自己的疑问见解，培养批判性思维和创新能力。

最后，在"一提升"（即价值引领提升）阶段，文本客体的运用有助于促进学生的全面发展。通过阅读和理解不同类型的文本客体，学生可以拓展自己的知识面和视野，提升文化素养和审美能力。同时，他们在分析、讨论和质疑文本的过程中，也可以锻炼自己的思维能力、表达能力和解决问题的能力，为未来的学习和生活打下坚实的基础。

（二）关系客体

1.关系客体的内涵

关系客体在教学领域的内涵是深刻且多维度的。

首先，关系客体指的是在教学过程中所涉及的各种人际关系，包括教师与学生之间、学生与学生之间、教师与教师之间的关系等。这些关系构成了教学活动的基本框架，并在很大程度上影响着教学的效果和质量。

在教学领域中，关系客体的内涵不仅仅局限于表面的人际交往，它更多地涉及教学过程中的互动、合作与共享。教师与学生之间的关系不再是简单的传授与接受，而是一种相互尊重、相互启发、共同成长的伙伴关系。学生与学生之间也不再是孤立的个体，而是通过合作学习、互相评价等方式建立起紧密的联系，共同促进彼此的发展。

其次，关系客体还强调教学过程中的情感因素。情感是教学活动的润滑剂，它能够激发学生的学习兴趣，增强他们的学习动力，提升他们的学习效果。因此，教师在教学过程中需要关注学生的情感需求，积极营造和谐、愉悦的教学氛围，使学生在轻松愉快的环境中学习成长。

最后，关系客体也体现了教学过程中的社会性和文化性。教学活动不仅仅是一种知识传递的过程，更是一种文化传承和社会化的过程。通过关系客体的建立和维护，学生可以更好地融入社会，理解和尊重多元文化，形成健全的人格和良好的社会适应能力。

总之，关系客体在教学领域的内涵是丰富而深刻的，它涉及教学过程中的互动、合作、情感、社会性和文化性等多个方面。因此，在教学实践中，我们应该充分重视关系客体的作用，积极构建良好的人际关系网络，为学生的学习和发展提供全面、优质的教学支持。

2. 关系客体在 "三学三疑一提升" 教学模式中的运用

首先，关系客体有助于构建学习共同体。在 "三学三疑一提升" 教学模式中，学生需要通过自主学习、合作学习和探究学习来深化对知识的理解和掌握。而关系客体的存在，如师生之间的关系、学生之间的关系以及学生与学习资源之间的关系等，为学生提供了一个相互支持、共同成长的平台。在这种环境中，学生可以相互交流、讨论和分享自己的见解和经验，从而形成更加全面、深入的理解。

其次，关系客体能够促进学生间的有效互动和合作。在 "三疑" 环节中，学生需要提出问题、分析问题和解决问题。而关系客体的运用可以帮助学生建立积极的互动关系，激发他们的合作意愿和团队精神。通过相互协作、共同探究，学生可以更加高效地解决问题，同时培养自己的沟通能力、协调能力和创新能力。

最后，关系客体在 "一提升" 环节中也发挥着重要作用。这一环节旨在通过总结、反思和拓展来提升学生的综合素质和能力。而关系客体的运用可以帮助学生更好地进行自我评价和获取他人评价，发现自己的优点和不足，从而制定更加明确、有针对性的提升计划。同时，通过与教师、同学等关系客体的互动交流，学生可以获取更多的反馈和建议，为自己的成长和发展提供有力的支持。

综上所述，关系客体在"三学三疑一提升"教学模式中的运用对于提高学生的主动性、探究性和合作性具有重要意义。它不仅有助于构建学习共同体、推动学生间的有效互动和合作，还能在总结提升环节中发挥关键作用，帮助学生实现全面的成长和发展。因此，在实际教学中，我们应该充分重视关系客体的运用，为学生创造一个更加优质、高效的学习环境。

3. 关系客体在"三学三疑一提升"教学模式运用的效果

首先，关系客体作为教学过程中的重要元素，为"三学三疑一提升"教学模式注入了新的活力。在这一模式下，学生通过自主学习、合作学习和研究学习三个阶段，不断提出问题、解决问题，最终实现知识的内化和能力的提升。而关系客体的引入，使得学生在学习过程中能够与同伴、教师以及学习资源建立更为紧密的联系，从而形成一个互动、合作、共享的学习环境。

其次，关系客体的运用有效地促进了学生的主动学习。在"三学三疑一提升"教学模式中，学生需要主动探索、发现问题，而关系客体的存在则为他们提供了更多的学习支持和资源。通过与同伴、教师的交流互动，学生可以及时获取反馈和指导，调整学习策略，提高学习效率。同时，关系客体中的共享资源也为学生提供了更为丰富、多样的学习材料，激发了他们的学习兴趣和探究欲望。

再次，关系客体的运用还有助于培养学生的团队协作和沟通能力。在"三学三疑一提升"教学模式中，学生需要与他人合作解决问题，共同完成学习任务。而关系客体的引入则为学生提供了更多的合作机会和平台。通过与同伴的分工协作、交流讨论，学生可以锻炼自己的团队协作能力、沟通能力和解决问题的能力，为未来的学习和工作打下坚实的基础。

最后，关系客体的运用还推动了教学评价方式的改革和创新。在"三学三疑一提升"教学模式中，注重学生的过程性评价和表现性评价。而关系客体的存在则为评价提供了更为全面、客观的依据。教师可以通过观察学生在关系客体中的互动表现、作品成果等方面来评价学生的学习情况和发展水平，从而更加准确地了解学生的学习需求和进步情况，为后续的教学提供更为有针对性的指导。

总之，关系客体在 "三学三疑一提升" 教学模式中的运用效果是显著的，它不仅促进了学生的主动学习、团队协作和沟通能力的培养，还推动了教学评价方式的改革和创新。因此，在教学实践中，我们应该充分发挥关系客体的作用，为学生的全面发展和能力提升提供更为优质、高效的教学支持。

（三）实践客体

1. 实践客体的内涵

实践客体在教学领域的内涵是丰富且深远的，它指的是教学活动中学生参与的各种实践活动及其对象。这些实践活动旨在将理论知识与实际操作相结合，促进学生的全面发展。

在教学领域中，实践客体的内涵不仅局限于表面的技能操作或实验活动，它更深层次地涉及学生的认知、情感、态度和价值观的全面发展。通过实践活动，学生可以亲身感受知识的实际应用，增强对知识的理解和掌握，同时培养解决问题的能力、创新思维和团队合作精神。

实践客体强调学生的主体性和参与性，鼓励学生积极参与各种实践活动，如实验、社会实践、项目设计等，从而在实践中学习、在探索中成长。这种教学方式有助于激发学生的学习兴趣和动力，提高他们的自主学习能力和实践能力。

此外，实践客体还体现了教学的社会性和实用性。教学活动的开展不仅仅是为了传授知识，更重要的是培养学生的社会适应能力和实践能力，使他们能够将所学知识应用于实际生活和工作中。通过实践客体的引入，教学更加贴近社会现实和行业需求，为学生的未来职业发展奠定坚实的基础。

可见，实践客体涉及学生的认知、情感、态度和价值观的全面发展，强调学生的主体性和参与性，注重教学的社会性和实用性。因此，在教学实践中，我们应该充分发挥实践客体的作用，设计各种具有实际意义的实践活动，引导学生在实践中学习、成长和发展。

2.实践客体在"三学三疑一提升"教学模式中的运用

在"三学"阶段，即自主学习、合作学习和研究学习中，实践客体为学生提供了丰富的学习材料和实验场景。在自主学习时，学生可以通过观察、操作实践客体，直观地感知和理解知识，增强学习的趣味性和实效性。在合作学习中，小组成员可以围绕实践客体展开协作，共同探索其内涵和外延，促进知识的共享和交流。在探究学习中，实践客体成为学生进行科学实验、社会实践等探究活动的有力工具，有助于他们深入挖掘知识的本质和规律。

进入"三疑"环节，实践客体的作用愈发凸显。在提疑阶段，学生通过对实践客体的观察和思考，发现问题、提出问题，培养他们的批判性思维和问题意识。在解疑阶段，学生可以通过实践操作来验证自己的假设和猜想，从而找到问题的解决方案。在析疑阶段，实践客体再次成为学生学习的助手，帮助他们巩固知识、拓展思路，形成更加完整和深刻的理解。

最后，在"一提升"阶段，实践客体的运用有助于学生实现知识的内化和能力的转化。通过前面的学习和探究，学生对实践客体已经有了深入的认识和体验。在此基础上，教师可以引导学生将所学知识应用于实际问题的解决中，如设计实验方案、制作模型、开展社会调查等。这些实践活动不仅有助于学生巩固所学知识，还有助于提升他们的实践能力、创新能力和团队协作能力。

总的来说，实践客体在"三学三疑一提升"教学模式中的运用贯穿始终，为学生的学习提供了有力的支持和保障。它使得这一教学模式更加贴近学生的实际需求和学习过程，有助于激发学生的学习兴趣和动力，培养他们的实践能力和创新思维。因此，在实际教学中，教师应充分利用实践客体的优势，与"三学三疑一提升"教学模式相结合，为学生创造更加优质、高效的学习环境。

3.实践客体在 "三学三疑一提升" 教学模式中运用的效果

在 "三学" （自主学习、合作学习、研究学习）阶段，实践客体为学生提供了真实、生动的学习环境。通过观察、实验、操作等实践活动，学生能够直观感知知识，增强学习兴趣，同时培养实践能力和动手能力。这种以实践为基础的学习方式，有助于学生形成对知识的深刻理解和记忆，为后续的学习打下坚实基础。

在 "三疑" （提疑、析疑、解疑）环节，实践客体成为有效的认知工具。教师可以通过实践活动设置疑问，引导学生主动思考和探索。学生在实践中发现问题、提出问题，再通过观察、分析和实验来解决问题，这一过程不仅锻炼了学生的思维能力，还培养了他们的科学探究精神和创新意识。同时，通过实践验证理论知识，学生可以对所学知识有更深刻的理解和把握。

在 "一提升" （价值引领提升）阶段，实践客体的运用有助于促进学生的全面发展。实践活动需要学生综合运用所学知识，运用创新思维和解决问题的能力。在这个过程中，学生的知识结构得到优化，思维能力、实践能力、创新能力等综合能力得到显著提升。此外，实践活动还有助于培养学生的团队协作精神和服务意识，提升他们的社会责任感和使命感。

总之，实践客体在 "三学三疑一提升" 教学模式中的运用效果是全方位的，它不仅增强了学生的学习兴趣和动力，还培养了学生的实践能力、思维能力和创新能力。因此，在实际教学中，教师应充分利用实践客体，与 "三学三疑一提升" 教学模式相结合，为学生创造更多实践机会，引导他们在实践中学习、成长和进步。

三、"三学三疑一提升" 教学模式的教学载体

（一）思政案例载体

1.思政案例载体的内涵与目的

思政案例载体是指在思想政治教育过程中，选取与政治理论、社

会实践紧密相关的具体事件或案例，作为教学和研究的素材。这些案例通常来源于真实的政治生活和社会发展的具体情境，通过对案例的分析和讨论，可以使抽象的政治理论和社会知识具体化、形象化。使用思政案例载体的根本目的在于提高思想政治教育的实效性和吸引力。通过引入真实的政治社会案例，学生能够在具体的情境中理解和掌握抽象的政治理论，提高实践认识和分析能力。此外，案例教学还能激发学生的学习兴趣，促进师生间的互动交流，进而加深学生对社会政治现象的理解和思考。

2. 思政案例的选取原则与方法

选取思政案例时，需要遵循一定的原则和方法。

（1）选取原则

一是时代性和针对性原则。选取的案例应紧贴时代脉搏，反映当下社会政治的热点议题，以及学生群体普遍关注的问题。这不仅能增强学生对案例的兴趣和参与度，而且有助于将抽象的政治理论与具体的现实情境相结合，从而提高理论的实际解释力和应用价值。二是代表性和典型性原则。选取的案例应能够代表某一类政治现象或趋势，具有一定的普遍性和典型意义。通过分析这些代表性案例，学生可以更深入地理解政治理论的核心要义及其在现实生活中的具体应用，进而提升自身的政治认知能力和分析能力。三是教育性和启发性原则。案例应具备一定的教育价值，能够激发学生的思考，引导他们进行深层次的反思和价值判断。通过案例教学，学生不仅能够学习到知识和理论，还能培养批判性思维和独立判断能力，这对他们的全面发展和成长至关重要。

（2）选取方法

一是案例收集的方法。案例收集可以通过多种渠道进行，如新闻报道、历史事件、政策文件等。这些渠道提供了丰富的案例资源，有助于教师从中筛选出最具教学价值和现实意义的案例。二是案例筛选与设计的方法。在收集案例的基础上，教师需要结合学生的实际情况和教学目标进行案例的筛选和设计。这一过程要求教师具备敏锐的洞察力和创新能力，以确保选定的案例既符合教学需求，又能够激发学生的学习兴趣和思考。

3. 思政案例的设计策略与效果

在设计思想政治教育（思政）案例时，教师应采取多种策略来提升教学效果和学生的参与度。策略的选择和应用需要基于教学目标和学生特点的综合考量，以确保案例教学能够有效地促进学生的思政素养提升。

首先，思政案例的呈现方式应具有多样性。传统的文字描述虽然是基本的表达形式，但为了增强案例的直观性和感染力，教师可以结合图片展示、视频播放等多媒体手段，使案例内容更加生动、形象。多样化的呈现方式有助于吸引学生的注意力，激发他们的学习兴趣，并促进他们对案例背景和情境的深入理解。

其次，思政案例的讨论环节应具有强烈的互动性。通过设置小组讨论、角色扮演、辩论赛等互动形式，教师可以鼓励学生积极参与讨论，表达自己的观点和见解。这种参与式学习不仅能够增进学生之间的交流和合作，还有助于培养他们的批判性思维和问题解决能力。同时，教师应及时引导并给予反馈，帮助学生深化理解和拓展思考。

最后，思政案例的反思与总结环节应深入细致。在案例讨论的基础上，教师应引导学生联系实际生活和社会现象，深入探讨案例背后的政治理论、价值观念和社会意义。通过反思和总结，学生能够更好地理解和吸收思政教育的核心内容，从而达到培养理想信念、增强政治觉悟、提升道德品质等思政教育的深层次目标。

（二）视频案例载体

视频案例载体作为一种视觉学习工具，在教育领域中的应用日益广泛。视频案例载体通过直观、生动的视觉呈现，使复杂的概念和过程变得易于理解，在促进视觉学习和提高学生理解能力方面发挥着重要作用。

1. 视频案例载体的内涵

视频案例载体是一种融合视听元素、以动态影像呈现案例内容的特殊形式。它不仅仅是一段简单的视频记录，还经过精心策划、制作和编辑，将真实事件或模拟情境通过影像、声音、文字等多媒体手段进行展现，旨在提供更加直观、生动且全面的案例学习体验。

视频案例载体的核心在于其丰富的视听元素和高度还原的现场感。通过影像的细腻捕捉和声音的精准呈现，视频案例能够真实再现事件或情境的原貌，使学习者仿佛身临其境，深入感受案例的背景、过程和影响。这种沉浸式的学习方式有助于激发学习者的兴趣和情感共鸣，提高学习的参与度和效果。

此外，视频案例载体还具有高度的灵活性和可编辑性。制作者可以根据学习目标和受众需求，对视频案例进行剪辑、配音、添加字幕等后期处理，以突出重点、解释难点，引导学习者进行深入的思考和讨论。这种可定制化的特点使视频案例载体能够适应不同领域、不同层次的学习需求，具有广泛的适用性和实用性。

2. 视频案例载体的运用

第一，视频案例载体的直观性能够帮助学生迅速抓住学习重点。通过观看视频中的具体示例和场景，学生可以直观地感受到抽象概念的具体应用，从而加深对概念的理解和记忆。例如，在学习物理学的力和运动时，通过观看物体受力后的运动变化视频，学生可以更直观地理解力的作用效果和运动规律。

第二，视频案例载体能够展示复杂过程的每个阶段，使学生能够逐步跟踪和理解整个过程。这种分步展示的方式有助于学生理解复杂过程中的关键步骤和逻辑关系，从而提高对过程性知识的掌握。例如，在学习化学反应时，通过观看反应过程的视频，学生可以清晰地看到反应物、中间产物和最终产物的变化，以及反应的速率和条件等要素。

第三，视频案例载体的多模态呈现能够满足不同学习风格的学生的需求。视频中结合了视觉图像、声音解说和文字标注，可以同时刺激学生的视觉、听觉和阅读理解能力，从而实现多渠道的信息输入和加工，提高学习的效率和效果。

第四，视频案例载体的可重复性和灵活性也是其重要优势。学生可以根据自己的学习进度和理解程度，反复观看视频中的关键部分，进行深入分析和思考。这种自主学习的方式有助于学生巩固知识，提高问题解决能力。

第五，视频案例载体还可以激发学生的兴趣和好奇心，使学习过程更加生动和有趣。通过观看具有吸引力的视频内容，学生的学习动机可以得到激发，从而更积极主动地参与学习过程，提高学习成效。

3. 视频案例载体的效果

视频案例载体在教学中的应用已经日益普及，其效果也受到了广泛的认可。作为一种直观、生动的教学工具，视频案例不仅能够激发学生的学习兴趣和积极性，更能够提升教学质量和效果。

首先，视频案例载体能够为学生提供更加真实、具体的学习环境。通过观看实际场景中的案例演示，学生可以更加直观地了解知识的应用和实践，从而加深对知识点的理解和掌握。这种学习方式比传统的文字描述或口头讲解更加生动、形象，更容易被学生接受和记忆。

其次，视频案例载体有助于培养学生的问题解决能力和实践能力。在观看视频案例的过程中，学生需要主动思考、分析案例中的问题，并提出相应的解决方案。这种学习方式不仅能够锻炼学生的思维能力，更能够提升学生的实践能力和问题解决能力，为未来的职业发展打下坚实的基础。

再次，视频案例载体还能够促进师生之间的互动和交流。在观看视频案例后，学生可以就案例中的问题进行讨论和交流，分享自己的看法和见解。这种互动和交流不仅能够激发学生的学习兴趣和热情，更能够增进师生之间的了解和信任，为教学提供更加良好的氛围和环境。

最后，从教学效果来看，视频案例载体的应用能够显著提升学生的学习成绩和学习效果。通过观看视频案例，学生可以更加深入地理解知识点，更加扎实地掌握基础知识和实践技能。同时，视频案例还能够为学生提供更加丰富的学习资源和拓展空间，为学生的全面发展提供更加有力的支持。

（三）网络案例载体

在当今信息技术迅速发展的背景下，利用网络资源作为教学载体已成为教育创新的重要方向。网络资源，包括在线论坛、博客、社交媒体等，为教学提供了丰富的内容和灵活的交互平台。

1.网络案例载体的内涵

网络案例载体，作为现代信息技术与案例教学法的结合体，其内涵远超过简单的"网络＋案例"的概念叠加。它指的是在网络环境下，利用先进的网络技术手段，呈现、传播、分析和讨论具有代表性、典型性的实践案例，以辅助教学、培训、研究等活动的数字化教学资源。

首先，网络案例载体突破了传统案例教学在时间和空间上的限制。通过在线平台，学生可以随时随地访问案例库，获取丰富多样的案例资源，进行自主学习和协作探究。这种灵活性使网络案例载体成为适应现代快节奏生活和学习方式的重要工具。

其次，网络案例载体借助多媒体技术和交互式设计，为学习者提供了更加生动、直观的学习体验。案例可以以文本、图片、视频、音频等多种形式呈现，辅以数据可视化、模拟仿真等高级功能，帮助学生更深入地理解案例情境和问题本质。

再次，网络案例载体促进了案例教学的互动性和参与性。通过在线讨论区、实时聊天工具等社交功能，学生可以与教师、同伴进行实时交流和讨论，分享观点、碰撞思想，共同构建知识体系。这种互动性不仅提升了学生的学习兴趣和动力，还有助于培养批判性思维、创新能力和团队协作精神。

最后，网络案例载体还具有强大的数据收集和分析功能。通过对学生的学习行为、讨论内容等数据的跟踪和分析，教师可以获得关于学生学习进度、兴趣偏好、难点问题等方面的宝贵信息，从而进行更有针对性的教学指导和干预。同时，这些数据也可以作为教学评估和改进的重要依据。

2. 网络案例载体教学应用策略

首先，内容筛选与整合是基础。教师应从众多网络资源中精心挑选出与课程目标相符合、信息准确可靠的材料，然后将这些材料整合成符合教学需要的教学内容。这一过程不仅要求教师具备较强的信息筛选能力，还需要他们能够有效地整合不同类型的资源，以确保教学内容的连贯性和完整性。

其次，增强交互性是提高学生学习积极性的重要手段。通过利用在线论坛、社交媒体等互联网工具，教师可以鼓励学生参与到课程讨论和互动中来，从而提高学生的参与度和学习的主动性。这种互动式的学习方式能够促进学生之间的交流和合作，有助于深化他们对课程内容的理解。

最后，多媒体应用是丰富教学手段、提升学习效果的有效途径。通过结合视频、音频、图片等多媒体资源，教师可以使教学内容更加生动和直观，从而激发学生的学习兴趣，提高他们的学习效率和效果。多媒体资源的应用不仅能够满足不同学习风格的学生的需求，还可以帮助他们更好地理解和掌握复杂的概念与知识点。

3. 网络案例载体质量与适用性保障

其一，评估机制的建立与实施。为确保网络资源的质量和适用性，需建立一套科学、系统的评估机制。该机制应包括定期对网络资源进行综合评估的流程，具体包括对资源的准确性、时效性和适用性的评价。准确性评估旨在保证信息的正确无误，时效性评估确保信息更新及时，而适用性评估则关注资源是否满足用户的实际需求。通过这样的评估机制，教师可以有效地筛选出高质量的网络资源，提高资源的使用价值和效率。

其二，版权与引用规范的遵循。在使用网络资源时，必须严格遵守版权法律法规，尊重知识产权。在引用网络资源时，应明确标注资源的来源，并遵循相应的引用标准，如美国心理学会出版的研究论文的撰写格式《美国心理协会刊物准则》、美国现代语言协会书写英语论文的引用格式。这不仅是对原作者的尊重，也是维护学术诚信的重要体现。同时，遵循版权与引用规范，可以避免版权侵权的风险，保证学术研究的合法性和可靠性。

4. 促进网络案例载体安全使用

促进网络案例载体的安全使用，其实质在于构建一个综合性的防护体系，以教育为先导，以监控与干预为手段，共同确保学生在网络环境中的安全。

首先，隐私保护教育是这一体系中的基石。随着信息技术的迅猛发展，网络已成为学生学习、交流的重要平台，但与此同时，网络安全问题也日益凸显。因此，有必要加强对学生的网络安全教育，特别是隐私保护方面的教育。学校应开设相关的课程或讲座，系统地教授学生如何设置复杂的密码、识别网络钓鱼和欺诈行为、管理个人在网络上的信息等，从而培养他们的网络安全意识和技能。这不仅有助于保护学生的个人隐私，还能在一定程度上减少因信息泄露而引发的网络欺凌、诈骗等事件。

其次，监控与干预是确保学生网络安全的重要手段。学校和教师在这一过程中扮演着关键角色。学校应建立一套完善的网络监控机制，通过技术手段对学生的网络使用情况进行实时监控，特别是对学生访问的网站、使用的应用程序、发布的信息等进行筛查。一旦发现学生有浏览不良网站、参与网络欺凌、泄露个人隐私等不当行为，教师应立即进行干预，采取适当的教育和惩罚措施，引导学生认识并改正自己的错误。同时，教师还应定期与学生进行面对面的交流，了解他们在网络使用中遇到的问题和困惑，为他们提供及时的指导和帮助。

（四）实践案例载体

1. 实践案例载体的内涵

实践案例载体在学术探究与实践应用中占据核心地位，其不仅可以作为具体化的实例或模型用以展现、分析特定情境中的问题，更是推动理论知识深化与应用的关键工具。在教学、学术研究以及实践指导等多个层面，实践案例载体均发挥着不可替代的作用。

在教学领域，实践案例载体是连接抽象理论与现实情境的重要纽带。教师利用案例将复杂的理论知识嵌入生动的现实情境，有助于学生形成直观、深入的理解。通过案例研究、模拟实验等教学手段的使用，学生能够在分析、解决实际问题的过程中掌握理论的应用方法，从而实现理论知识向实践技能的转化。以实践案例为载体的教学模式有效地弥合了理论与实践之间的鸿沟，提高了教学的实效性和针对性。

在学术研究层面，实践案例载体是验证和完善理论假设的重要工具。研究人员通过精心挑选具有代表性的案例进行深入剖析，能够检验理论在实际情境中的解释力和预测力。这种基于实践的研究方法有助于揭示理论的适用条件和潜在局限，同时为理论的修正和发展提供有力的实证依据。实践案例载体的运用不仅提升了学术研究的严谨性和科学性，也推动了理论知识体系的不断完善和创新。

此外，在实践指导方面，实践案例载体同样发挥着举足轻重的作用。对学生而言，成功案例和失败案例均提供了宝贵的经验和教训。通过深入分析这些案例，学生能够更高效地解决类似问题、规避潜在风险，并提升应对复杂情境的能力。基于案例的学习模式有助于促进专业知识的积累和实践智慧的提升，使学生在面对现实挑战时更加从容和自信。

2. 实践案例载体的运用

在教学、学术研究与实际应用中，实践案例载体的运用至关重要。这一环节不仅是理论知识与实际操作的结合点，更是检验理论有效性、提升实践效率的重要途径。具体而言，实践案例载体的运用涉及到案例的选择、分析，以及从中提炼经验教训等多个层面。

首先，案例的选择要符合研究的目的和主题，确保其具有代表性和典型性。这样，研究者才能通过对特定案例的深入剖析，洞察更广泛领域内的共性问题与解决方案。这一过程中，案例的质量直接关系到研究的可信度和价值。

其次，案例分析需要具备严谨的逻辑性和系统性。这要求研究者不仅要有扎实的理论基础，还要能灵活运用多种研究方法和技术，如定量与定性分析相结合、比较研究、历史研究等。通过这样的分析，可以更加全面地揭示案例背后的深层逻辑和因果关系。

最后，实践案例载体的运用还要求研究者能够从中提炼出具有普适性的经验教训。这些经验教训不仅是对现有理论的验证和补充，更能为未来类似情境下的决策提供有力支持。在这一环节中，研究者需要展现出高度的抽象思维能力和归纳总结能力。

3. 实践案例载体的效果

首先，从认知层面来看，实践案例载体能够增强学习者的感知和理解。通过将抽象的理论知识嵌入具体的实践情境，实践案例载体使学生能够更直观地把握概念的内涵和外延，从而加深对知识的理解和掌握。这种认知效果在教育培训、管理咨询等领域尤为显著。

其次，实践案例载体在促进问题解决和创新方面具有重要作用。通过对案例的分析和讨论，人们可以从中发现问题的症结所在，进而提出针对性的解决方案。同时，案例也为创新提供了灵感和借鉴，使人们在面对类似问题时能够迅速找到切入点和创新点。

再次，实践案例载体还有助于提升决策的科学性和有效性。在决策过程中，决策者往往需要依靠经验和直觉进行判断。然而，这些主观因素可能会导致决策的失误和偏差。而实践案例载体通过提供客观的、可比较的信息和数据，能够帮助决策者更加理性地分析问题、权衡利弊，从而做出更加科学、合理的决策。

最后，从社会效果来看，实践案例载体的运用还能够促进知识的传播和共享。通过将案例整理成文字、图片、视频等形式进行公开发布和交流，人们可以更加方便地获取和学习他人的经验和智慧，从而推动整个社会的知识积累和进步。

四、"三学三疑一提升"教学模式的教学环体

（一）校园环体

1.校园环体的内涵

校园环体是一个多维且深远的概念，它不仅包括了我们通常理解的校园物质环境，即绿化景观、建筑美学、空间设计等元素，还涵盖了更深层次的人文精神领域，诸如学术探究的氛围、文化活动的多样性以及师生间的互动关系等。

在这个综合的概念框架下，校园环体的内涵显得尤为丰富。首先，自然环境作为校园环体的物质基础，它通过精心的规划与设计，为师生提供一个宜人的学习、生活和休闲场所。这里的每一寸土地、每一座建筑都融入了教育者的智慧与匠心，旨在创造一个既有美感又实用性的空间环境。

然而，校园环体的内涵远不止于此。它还包括一个更为重要的方面，那就是人文环境。其中，学术氛围的营造是核心所在。学校可以通过各种途径和手段，鼓励师生进行学术探究与创新实践，从而形成积极向上的学术风气。同时，丰富多样的文化活动也是人文环境的重要组成部分。这些活动不仅能够丰富师生的课余生活，还能够培养他们的审美情趣和人文素养。

最后，和谐的师生关系是校园环体内涵中不可或缺的一环。在教育过程中，教师和学生是相互依存、相互促进的两种主体。只有当师生之间建立了平等、尊重、信任的关系时，教育活动才能有效开展，学生的全面发展才能实现。

2.校园环体的运用

校园环体，作为学校教育的重要组成部分，其运用不仅体现在

日常的教学和管理中，更贯穿于学校的整体发展和学生的全面成长过程。通过精心设计和有效运用校园环体，学校能够为学生创造更加优质、和谐的学习和生活环境。

在日常教学中，校园环体的运用体现在教室布局、教学设备配置以及教学资源的整合等方面。舒适、功能齐全的教室环境，能够提升学生的学习兴趣和效果。同时，学校通过合理配置先进的教学设备，如多媒体、实验器材等，能够为师生提供更加便捷、高效的教学工具，促进教学方法的创新和教学效果的提升。

在学校管理中，校园环体的运用则体现在规章制度的制定与执行、安全措施的落实以及校园文化的营造等方面。学校通过制定科学合理的规章制度，规范师生的行为，维护校园秩序，同时，加强校园安全管理，确保师生的人身和财产安全。此外，通过积极营造健康向上的校园文化环境，学校能够引导师生树立正确的价值观，增强学校的凝聚力和向心力。

在校园的整体发展中，校园环体的运用则更加注重长远规划和可持续发展。学校需要根据自身的发展目标和定位，合理规划校园空间布局，确保校园环境的整体协调性和功能性。同时，学校还需要注重校园环境的生态保护和资源节约利用，推动绿色校园建设，为学校的可持续发展奠定坚实基础。

在学生的全面成长过程中，校园环体的运用则更加关注学生的个性化需求和全面发展。学校需要为学生提供多样化的学习和生活空间，满足他们的不同需求。同时，通过举办丰富多彩的校园文化活动和社会实践活动，学校能够培养学生的综合素质和社会责任感，促进他们的全面成长和发展。

综上，校园环体的运用是一个系统工程，需要学校从多个层面进行综合考虑和有效实施。通过精心设计和科学运用校园环体，学校能够为师生创造一个更加优质、和谐的学习和生活环境，推动学校的整体发展和学生的全面成长。

3. 校园环体的效果

校园环体，作为学校教育环境的重要组成部分，其效果深远而广泛。它不仅仅关乎校园的物理环境，更涉及文化、心理、教育以及社会交往等多个层面，对师生的学习、生活与发展产生着深远的影响。

其一，从物理环境来看，一个优美、和谐的校园环体能够为学生提供舒适的学习和生活空间。茂密的植被、清新的空气、整洁的道路与建筑，这些元素共同构成了宜人的校园环境，有助于学生身心健康的发展。同时，良好的物理环境还能够激发学生对美的追求和对自然的热爱，培养他们的环保意识和审美能力。

其二，校园环体在文化塑造方面发挥着不可替代的作用。学校的建筑风格、景观设计、标语口号等都承载着学校的办学理念和文化底蕴。学生身在其中耳濡目染，自然而然会受到学校文化的熏陶和影响，从而形成积极向上的价值观和人生观。这种文化的塑造对学生的成长和发展具有深远的意义。

其三，校园环体对学生的心理健康也有着重要的影响。充满阳光、活力的校园环境能够激发学生的积极情绪，减轻他们的学习压力。同时，校园中的各种活动和设施也为学生提供了释放压力、放松心情的平台，有助于他们保持健康的心理状态。

其四，从教育效果来看，校园环体为教学活动提供了丰富的资源和平台。实验室、图书馆、体育场等场所都是学生进行实践学习和探索的重要场所。而校园中的各种自然景观和人文景观也可以成为教学的生动教材，帮助学生更加直观地理解和掌握知识。

其五，校园环体还为学生的社会交往提供了广阔的空间。在校园中，学生可以与来自不同背景的同学进行交流和互动，建立友谊，拓展视野。这种社会交往的经历对学生的社会适应能力和人际交往能力的发展具有重要的作用。

综上，校园环体的效果是全方位的、立体的。它不仅关乎学生的物理环境和文化塑造，更影响到他们的心理健康、教育效果以及社会交往等多个方面。因此，我们应该高度重视校园环体的建设和优化工作，为学生提供一个更加优美、和谐、充满活力的学习和生活环境。

（二）网络环体

1.网络环体的内涵

网络环体，这一综合性的概念，其内涵远超过单一的技术或社会现象。它指的是由网络技术、网络平台、网络用户以及网络文化等多重要素相互交织、相互影响而构建的庞大、复杂且不断演化的网络生态环境。这一环境并非静态，而是持续变化，且保持高度的开放性，允许各种新元素、新思想的融入与碰撞。

从技术角度看，网络环体是互联网技术的集大成者，它涵盖了从基础的网络协议、数据传输技术，到云计算、大数据、人工智能等前沿技术的广泛应用。这些技术不仅为网络环体提供了强大的基础设施支撑，还推动了网络环体在功能、性能上的不断升级和拓展。

网络平台，作为网络环体的重要组成部分，为各种网络应用和服务提供了广阔的舞台。无论是社交媒体、电子商务平台，还是在线教育、远程医疗等新兴领域，这些平台都在网络环体中找到了自己的定位和发展空间。

网络用户，作为网络环体的主体，他们的行为、需求和偏好直接影响着网络环体的发展方向和形态。随着网络用户的不断增长和多样化，网络环体也在不断地适应和满足他们的需求，从而呈现出更加丰富和多元的面貌。

此外，网络文化作为网络环体的灵魂，它反映了网络社会的价值观、行为准则和生活方式。网络文化的形成和发展，不仅丰富了网络环体的内涵，还为网络环体的持续发展和创新提供了源源不断的动力。

可见，网络环体的内涵是一个由多重要素相互交织、相互影响而形成的复杂生态系统。它不仅仅是一个技术平台或一种社会现象，更是一个融合了技术、社会、文化、经济等多个领域的综合性概念。在这个环体中，每一个要素都扮演着特定的角色，共同维系着网络空间的稳定与发展，推动着人类社会的不断进步。

2. 网络环体的运用

网络环体，以其高效、便捷、互动性强等特点，正在教育领域发挥着越来越重要的作用。随着信息技术的快速发展和普及，网络环体已经成为现代教育不可或缺的一部分，为教学方式的创新、教育资源的共享、学习体验的提升等方面提供了强大的支持。

在教学方式创新方面，网络环体打破了传统课堂的时空限制，使得教学更加灵活多样。通过在线教育平台，教师可以采用直播授课、在线讨论、小组合作等多种教学方式，激发学生的学习兴趣和主动性。同时，学生也可以根据自己的时间和进度进行自主学习，实现个性化学习路径的定制。

在教育资源共享方面，网络环体促进了优质教育资源的均衡分配。通过网络平台，各地的学校和教育机构可以共享优质的教学资源、课程内容和教育成果，缩小了地域之间、城乡之间的教育差距。这不仅为学生提供了更多的学习机会和选择，也为教师提供了更广阔的教学视野和资源支持。

在学习体验提升方面，网络环体为学生提供了更加丰富、生动的学习环境。借助多媒体技术和虚拟现实技术，学生可以身临其境地感受知识的魅力，增强学习的沉浸感和体验感。同时，网络环体还支持实时互动和反馈，使学生可以及时与教师、同学进行交流和讨论，提升学习效果和社交能力。

此外，网络环体还在教育评价、教育管理等方面发挥着重要作用。通过网络平台收集和分析学生的学习数据，教师可以更加客观、全面地评价学生的学习情况和进步轨迹，为教学改进提供有力依据。同时，学校和教育机构也可以借助网络环体进行高效的管理，提供更多服务，提升教育治理的水平和效率。

3. 网络环体的效果

首先，网络环体极大地扩展了教育的边界和可能性。通过在线教育平台、远程教学系统等技术手段，教育资源得以在全球范围内共享，打破了地域限制，使得更多人有机会接受优质教育。无论是城市还是偏远地区，学生都能通过网络环体接触到丰富的学习资源和先进的教育理念。

其次，网络环体促进了教育方式的创新和个性化发展。传统的教育模式往往以教师为中心，注重知识的灌输，而网络环体则为学生提供了更加自主、灵活的学习方式。学生可以根据自己的兴趣、能力和需求，选择适合自己的学习路径和资源，实现个性化学习。同时，网络环体还支持协作学习、项目式学习等新型教学方式，有助于培养学生的团队合作精神和创新能力。

最后，网络环体还提高了教育的效率和质量。通过智能化的教学管理系统、在线评估工具等技术手段，教师可以更加便捷地跟踪学生的学习进度和表现，及时调整教学策略，提供有针对性的辅导和支持。同时，学生也可以通过网络环体随时随地进行学习，不受时间和空间的限制，提高学习效率。

然而，网络环体在教育领域的应用也面临着一些挑战和问题，例如，如何确保在线教育的质量和公平性、如何保护学生的隐私和安全等。因此，在享受网络环体带来的教育便利的同时，我们也需要关注这些潜在的风险和挑战，并采取有效的措施加以应对。

（三）红色环体

红色环体，作为一个具有深厚历史与文化内涵的概念，不仅仅是一种颜色的象征，更是承载着丰富的革命历史、民族精神和时代价值的综合体现。

1. 红色环体的内涵

红色环体，作为一个特定概念，通常与红色文化、红色精神紧密相连。它不仅仅是一个简单的符号或象征，更是蕴含着丰富的历史、文化和价值内涵。红色环体所代表的是革命精神、奋斗精神和爱国主义精神，这些精神特质在中国革命和建设的历史进程中发挥了至关重要的作用。具体而言，红色环体的内涵可以从多个层面进行解读。

首先，它是对中国共产党领导下革命历程的深刻铭记和传承。红色环体所承载的红色故事、英雄事迹和革命精神，都是对那段波澜壮阔历史的生动再现，激励着人们不忘初心、牢记使命，继续为实现中华民族伟大复兴的中国梦而努力奋斗。

其次，红色环体还蕴含着丰富的文化价值。红色文化作为中华民族优秀传统文化的重要组成部分，具有深厚的历史底蕴和广泛的群众基础。红色环体作为红色文化的载体之一，通过艺术、文学、影视等多种形式，将红色文化的精髓和内涵传递给更广泛的人群，增强了人们对中华文化的认同感和归属感。

最后，红色环体还代表着一种积极向上的精神风貌和社会风气。红色精神所倡导的爱国主义、集体主义、艰苦奋斗等价值观念，是新时代中国特色社会主义事业发展的宝贵精神财富。红色环体的存在和传播，有助于弘扬正气、抵制歪风，推动形成崇德向善、奋发向上的社会氛围。

2. 红色环体的作用

红色环体在当代社会中发挥着多重重要作用，它不仅是历史的见证和文化的传承，更是推动社会进步和弘扬时代精神的重要力量。

首先，红色环体在教育和引导方面发挥着关键作用。通过红色环体的展示和传播，人们可以更加深入地了解中国共产党的光辉历程和伟大成就，增强爱国主义情感和民族自豪感。红色环体所蕴含的革命精神、奋斗精神和奉献精神，对于培养年轻一代的正确价值观、人生观和世界观具有不可替代的作用。

其次，红色环体在促进社会和谐与凝聚人心方面发挥着积极作用。红色文化所倡导的集体主义、团结互助等价值观念，通过红色环体的传播和实践，有助于增进社会成员之间的相互理解和信任，形成共同的思想基础和道德准则，从而推动社会的和谐稳定和发展繁荣。

再次，红色环体还在推动经济发展和文化产业方面发挥着重要作用。红色旅游、红色文化创意产业等以红色环体为载体的经济活动，不仅促进了相关产业的发展和就业增长，也为地区经济的繁荣注入了新的动力。同时，对红色环体的保护和开发利用，也有助于推动文化产业的创新和发展，提升国家的文化软实力。

最后，红色环体在对外交流与合作中也发挥着独特的作用。红色文化作为中国文化的重要组成部分，通过红色环体的展示和传播，有助于增进国际社会对中国历史和文化的了解和认同。同时，红色环体也成为中国与世界各国开展文化交流与合作的重要桥梁和纽带，为推动构建人类命运共同体贡献着中国智慧和力量。

3. 红色环体的效果

红色环体作为一种特殊的教育资源，在教育领域的应用已经取得了显著的效果。红色环体所蕴含的红色文化、革命精神和历史价值，为教育提供了丰富而生动的素材，有助于培养学生的爱国情怀、革命精神和历史责任感。

首先，红色环体通过生动的故事和实例，使学生更加深入地了解中国革命历史，理解革命先烈的英勇事迹和牺牲精神。这种教育方式不仅能够激发学生的学习兴趣，还能够加深他们对历史的认识和理解，培养他们的历史意识。

其次，红色环体所传递的革命精神，如爱国主义、集体主义、艰苦奋斗等，对学生的价值观形成具有积极的影响。通过接触和学习红色环体，学生能够更加深刻地认识到这些价值观的重要性，从而在日常生活中更加注重践行这些价值观。

此外，红色环体还有助于培养学生的社会责任感和使命感。通过学习革命历史，学生能够更加清晰地认识到自己作为新时代青年所肩负的历史使命，从而更加积极地投身到社会建设中去。

最后，红色环体在教育领域的应用还能够促进学校德育工作的创新和发展。学校可以将红色环体与日常德育工作相结合，通过开展主题班会、演讲比赛、社会实践等活动，使红色教育更加贴近学生实际，提高德育工作的针对性和实效性。

第四章 "三学三疑一提升"教学模式的原因

一、学生主体意识提高亟需探索新教学模式

(一)学生情绪自我诉求唤醒主体自觉需求

信息时代,网络快速发展使新媒体成为高校学生的必备工具。大学生处于青春期后期,人格发展较为成熟,接受能力强,文化素养高,能够熟练运用新媒体技术,将时事政治、社会新闻、个人观点、评论等发布到在开放而有个性的网络平台,表达个人诉求,彰显个性张力,唤醒主体自觉,达到自我实现。

高校学生利用信息进行自我诉求表达的快捷性提高。以微博为例,高校学生用手机或者电子邮箱即可注册成为微博用户,没有职业、年龄和其他方面的要求。用户在使用微博发布信息或者评论时,语法错误或者文字不准确也不影响微博常见功能的使用。

第一,微博发布的内容以文字、照片和视频为主,其中文字所占比例较高。高校学生通过微博传递情绪、意见、建议,其他人也可以通过电脑或者手机发表评论、交流观点,表达主题需求。

第二,转发微博内容。高校学生可以转发感兴趣的微博内容到自己的主页,如新闻、图片、评论内容等也可以"@+ 昵称"邀请特定对象关注或参与某一话题,信息通过微博迅速传播。

第三,评论或点赞微博内容。高校学生可以对他人发布的微博进行评论和再评论,评论文本能反映即时的观点和情绪。通过微博,用户可以随时发表看法、参与讨论,实现轻松快捷的交流互动。

(二)丰富的信息增强主体自觉意识

新媒体的广泛使用拓展了学生眼界,满足了大学生对知识信息的

渴求。新媒体成为学生了解社会动态、补充新知识、增强主体自觉的重要渠道。

以微博丰富的信息和功能为例。截至 2023 年第三季度，微博月活用户为 6.05 亿，其中 16—22 岁用户超过 1.3 亿，男生占 44%，女生占 56%。在 16—22 岁用户中，大学生是主要用户。其中移动端活跃用户占比为 95%，日均活跃用户为 2.6 亿，同比净增约 800 万。由此可见，微博传播的信息量之大超乎想象。

第一，微博内容丰富，传播快，能将国际国内新闻的第一手资料传递给用户，在一定程度上满足学生的好奇心和求知欲。学生对美好生活的追求在微博上均能从不同的方面进行体现，通过微博交流互动在较短时间内获得同类学生对美好生活的不同要求，增强大学生的人生观和价值观的主体自觉。

第二，微博承载了学生进行信息传递和人际交流的功能。高校学生传递时政的特点占首位，表明大学生关注国家政治，参与政治话题讨论、发表意见的主动性较强，体现了高校学生家国情怀的自觉性。学生对娱乐体育、时尚资讯和社会名人的关注次之，体现了大学生广泛的学习兴趣，学生在微博享有的平等发声权利为大学生主体自觉创造了条件。

第三，微博信息便于学生进行个性化阅读。对于世界各地发生的事学生可以借助微博视野进行了解。微博中有政府部门、新闻媒体的官方微博，也有个体博主，学生通过关注感兴趣的微博用户获取各种信息，主动挑选有用的信息进行阅读，有助于提升学生的自主权。

（三）学生互动性提升主体自觉能力

在新媒体上的互动是用户之间维系关系的纽带，将现实中人与人之间面对面的交往转变为以新媒体为桥梁的人与人之间虚拟交往。新媒体是一个虚拟社会场域，为大学生接触社会、参与社会生活创造了开放的平台。

第一，高校学生通过新媒体可以与科学家、政府人员、专家学者、明星等进行互动交流，解决了由于现实原因无法进行面对面互动的问题。例如，主流媒体运用微博围绕科学家以轻松活泼的文本传递正能量，创新话语体系提升传播有效性；运用大量朴实轻松的文字与受众沟通互动，运用口头化、网络化、年轻化的话语吸引更多青年大学生。又如，在对袁隆平逝世的集中报道中，人民日报法人微博发布《袁老给我们留下了什么》一文，回顾袁隆平对杂交水稻事业的贡献，用朴素的语言叙述袁隆平不平凡的一生。多角度多方位的事迹再现，让受众看到不惧嘲笑、敢为人先的袁隆平，看到不畏艰难、努力探索的袁隆平，看到攻坚克难、发现真理的袁隆平。

第二，多数高校学生远离家乡亲人在外求学，倍感孤独，新媒体搭建了一个与志同道合者互动交往的开放平台，高校学生通过跨越时空的独特社交方式，实现与他人的交往，扩大交际范围。

第三，高校学生处于信息时代，生活学习忙碌，整块时间少，但碎片化时间较多。学生在零碎时间快速浏览新媒体信息，能够唤起浏览热情，在短时间内能够接受和消化丰富的新媒体信息，充分利用课间课余、排队等候等碎片时间，为大学生快速参与新媒体互动提供了极大的便捷性，同时大学生的意见和评论受到的回应与关注也越来越高，满足了大学生快节奏表达意见的需求。

第四，许多新媒体的匿名性满足了高校学生的隐蔽表达需求。网络社交媒体可以实名也可以匿名的特点是高校学生愿意使用它们的原因之一。现实生活中，有些学生不善于与教师同学面对面表达自己的看法和情绪，匿名可以让他们在虚拟的网络世界中表达心声。学生在新媒体上关于"民意"的情绪表达在一定程度上能促进一些社会问题被公开、公平、公正、有效解决。

二、传统教学模式中存在的问题亟需创新教学模式

（一）传统教学模式存在的问题需要创新教学模式

1.传统教学论

这一理论以夸美纽斯、赫尔巴特、凯罗夫等人为代表，提出教师、教学内容和学生是传统教学的主要内容，关注教师的"教"和学生的"学"。教师的主要任务是将教学内容传授给学生并教会学生，学生的主要任务是将教学内容学懂学明白。传统教学论的优点是重视课本的讲授，缺点是忽视教学方法的运用，导致教师和学生在教与学中不能发挥积极性，学生失去学习兴趣。

在师生关系方面，传统教学论认为教师是教学的主体，强调教师在教学中的指导地位，强调教师的权威；学生是教学的客体，是学习的接受者，要听从教师的教，主要任务是学会。传统教学论强调教师中心、书本中心和课堂中心，其实质是教师决定论，忽视学生创造性的发挥。

2.灌输教学论

传统的思政课教学在教学方法上不善于实行启发式教育，在不同程度上还是用灌输式，学生上课听教师讲，下课背教材，考试靠记忆，学生主体的主动性不够。灌输教学论崇尚知识本位，重教材轻创新，过于注重知识中心，是知识狭隘的工具理性取向的输入，未涉及价值引领。在灌输教学中，知识是教学计划的先决因素，很少考虑学生的生理结构和心理诉求，学生被动接受知识，没有选择权。

第一，灌输教学中教师和学生"关系"割裂。教师是教材的"搬运工"，学生是盛装知识的"容器"。灌输教学把学生看作静态无机物，否定了教师和学生的主观能动性，无视学生思考和质疑知识对自身的意义，割裂了教师、学生、知识之间的关系。灌输教学中，教师把自己视作教学的权威，主观地传授教学内容，将结论性知识单向输出给学生；学生被动地接受单向输入的内容，成为无主动性和创造性

的知识"容器";教师和学生之间不存在对话和交往,教师貌似处于权威中心,实际上失去了与学生共同探索知识的享受的可能,在一定程度上违背了教育本质。教育双方本应是一种相互沟通、相互交流的双向关系,通过师生对话完成教育过程并实现教育本真意涵。

第二,灌输教学中教育"过程"断裂。教育是一个过程,过程是流动的,不是静止不变的;灌输教学强调知识的复制,倾向于结果的呈现而非过程的体验,并盲目追求过程的缩减和输入的最大化。教育是一个具有连续性、探索性、价值性的过程,灌输教学忽视教育规律客观的连续性,遮蔽了各子过程间的意义关联和逻辑顺序。教育的过程价值在于通过教育实现学生的创造性增殖和心灵的突破性成长,而灌输教学则是教师把重要知识直接呈现给学生,不阐述知识背景和知识之间的关联,导致学生面对被灌输的知识茫然无措,只能死记硬背和套用公式定理,无法体会其背后的人文意蕴和价值内涵。完整的教育过程无法脱离教师和学生的具体环境和情景,不能忽视学生的年龄、思维和价值观,是在各个教学子过程合力作用下生成的;而灌输教学片面追求知识的输出,将结论性经验塞满学生头脑,其实质是忽视自主探索和理性审思。由于灌输教学过程的断裂,灌输给学生的知识只是零碎的符号,学生的学科思维和学科素养受到阻滞。

第三,灌输教学中教学"工具"的误解。灌输教学中将教师、学生、内容视为工具,将教师和学生分别隔离在封闭的无形空间,过度宣扬工具理性导致了师生各自完成知识符号的单向性,贬损了教育的价值引领和德育培育作用。教师没有选择、增加、删减教学内容的权利,教学过程中的价值引领、教学反思等被忽略和摒弃,教学过程中教师只能按照统一标准进行灌输,学生对提问或者答案也有预期格式,在教学中没有权利表达个人意志和情感,学生不敢向"正规"的知识质疑,沦为没有批判思维的"工具人",成为不需要独立解决问题的"接收器"。

3.掌握学习教学论

美国教育家和心理学家布卢姆提出了掌握学习教学论,该理论是以程序教学为支撑，将课堂教学和课后针对性辅导有效结合，能够解决学生水平差异问题的教学理论。

第一，掌握学习教学论是一种乐观主义理论。布卢姆提出的掌握学习教学论，通常用于集体课堂教学，在复杂环境下关注全体学生对教学内容的掌握情况。教师在教学过程中给予学生积极鼓励，培养学生自信心；对学习遇到困难的学生，要给予学生足够的力量并寻找解决办法，从外部和内部获得相应的学习成就感。

第二，掌握学习教学论是一种科学有效的教学模式。布卢姆提出的掌握学习教学论注重实践检验理论的过程，教师要转变对学生的学习态度，及时关注个别学生的学习现状，给予学生针对性的教学指导与帮助。布卢姆认为，因材施教是提高学生学习效果的重要方式，对每一个学生要进行适当辅导，不可存在"后进生"和"优等生"的区别。

布卢姆将教育目标分为认知领域、情感领域和操作领域三大主要领域，并将每个领域的目标分为知识、理解、应用、分析、综合、评价六个层级。知识涉及的是具体知识或抽象知识的学习和掌握；理解是指对所学内容的基础领会，比如用自己的话说明、重述、解释、归纳、比较所学内容和思想，估计将来的趋势；应用是指学生对所学习的概念、法则、原理，能够在实践中初步运用，能够正确地将抽象概念运用于适当的情况，不是全面综合地运用知识；分析是指学生把知识分解成若干要素，从而使各概念间的相互关系更加明确，详细地阐明基础理论和基本原理；综合是指学生以分析为基础，通过合理计划和实施步骤重组已分解的各要素，以便综合地、创造性地解决问题；评价是教育目标的最高层次，要求理性地对事物本质价值做出符合客观事实的有说服力的推断。

布卢姆建立了教育目标评价体系，是以诊断性、形成性和终结性为主的学习评价系统。课堂教学是面对整体学生的授课，要兼顾不同层次的学习需求，教师要以知识、理解、应用、分析、综合、评价为具体评价目标，通过不同领域的学生反馈及时纠正学生学习中的错误，有的放矢地辅导，帮助学生查漏补缺，有效提高学习效果，同时提升教师的教学能力。

（二）学生在思政课学习中存在的问题亟需教学模式改革

传统的教学模式在一定程度上提高了教学效果，但是随着信息技术的应用和时代发展，青年大学生在思政课学习中存在对课程"认知不到位"、课堂"佛系不互动"、实践"身到心不到"等问题。

第一，对思政课"认知不到位"，存在"打卡式上课"现象。

思政课的功能就是让受教育者成为积极能动的主体，对主体进行社会主义意识形态的引导，将社会的思想道德观念及其规范化转化为受教育者的思想政治素质，促进人的全面发展，为社会全面进步服务。然而，部分学生对高校思政必修课并不了解，部分学生对马克思主义基本原理课程不熟悉，也有部分学生对马克思主义理论的内涵不清楚，等等。由于学生对思政课认知不到位，所以思政课存在学生虽然到教室"打卡"，但多半做与思政课无关的事情，如写专业课作业、复习高等数学、背诵英语词汇等。

第二，课堂上"佛系不互动"，存在"甘当旁观者"现象。

思政课是对学生主体进行思想政治教育的主阵地，课堂是进行道德素养引导和熏陶的主渠道。有的思政课教师通过"第二课堂"创新教学，以讲故事、说相声等形式增加思政课的感染力，但是多以教师为主，学生参与互动较少，未能引导学生在课堂主渠道发挥主体作用。同时，思政课的部分核心课程如"马克思主义基本原理""习近平新时代中国特色社会主义思想"等，理论抽象、内容丰富，课堂仍然存在"佛系"现象，认为思政课是"他人"的事，与"自身"无关。

第三，实践活动"身到心不到"，存在"叫好不叫座"现象。

思政实践活动旨在引导学生主体做到学以致用，实现知信行相统一。然而，目前高校思政实践课活动效果欠佳。一是由于学校组织的实践活动仍然以教室为主要活动空间，形式单一，主题老化，非真正意义上的实践活动。二是由于教师设计的实践活动跟不上时代步伐，没有与学生具体实际相结合，未与学生关心的时事相结合，学以致用体现度不佳。三是由于学生对实践课不重视，为了修学分确实参加了实践活动，但是大多是按照规定要求完成常规活动，缺乏主动性和创造力，育人效果有待提升。

三、新媒体为教学模式提供新媒介

（一）新媒体快速发展为课堂教学模式改革提供媒介

云计算、大数据和微媒体等技术的快速发展，推动教育向智能化发展。新媒体带来教育理念、教育体制、教育技术等方面的革新，引起了传统教学模式的变革，为学生实现主体自觉提供了重要媒介。

新媒体改变了传统教学模式，出现了以网络促进知识传授型课堂，向线上线下混合式课堂和翻转课堂的转变。在思政课教学中，通过启发式、探究式、讨论式、参与式教学翻转课堂，运用创新激发学生好奇心，发挥学生在思政课学习中的主动精神，鼓励学生进行创造性思考，改变传统教学方法。

新媒体促进了学生个体、学习空间、学习方式的变革，教师和学生同时在线上线下空间，颠覆了传统教学空间，改变了以教师为中心的授课方式。新媒体使学生对教师的依赖性减少，教师从主讲到主导，从灌输式课堂向翻转课堂转变，倒逼教学模式的改革。

新媒体使课堂教学从集体教学走向个体化教学。新媒体使用以互联网为手段，基于丰富的教学环境，运用多样化教学策略和形成性评价，将现代信息技术与教学创新深度融合，是集体授课向个性化学习过渡的必要手段。教师从备教材、备设计到备学情、备目标等，教学过程从教师主讲到师生互动，教学评价从"一考定终身"到关注学生学习过程的评价等，为主体自觉提供了一种可能。

（二）新媒体对学生学习方式的影响要求教学模式改革

传统教学模式中，教师和学生在课堂上面对面完成学习，学生与学生各自完成学习任务。随着信息时代的到来，新媒体在教学中被广泛使用，教师的教学方式和学生的学习方式逐渐发展，混合式学习将课堂学习和网络学习有效结合，成为一种新的学习方式。混合式教学模式既能够在课堂上发挥教师的主导作用，实现课堂育人的主渠道作用，又能利用网络学习的优势，发挥学生的积极性、主动性和创造性。

新媒体的使用，催生了多种新型教学方式和学习方式，教师教学观念和学生学习观念进一步转变，学生自主学习、个性化学习、探究式学习、沉浸式学习等借助网络的学习方式成为混合式学习的趋势。新媒体推进教学改革的关键要点在于信息技术和教学理念两方面。

在信息技术方面，云计算和大数据为教师改进教学提供课程相关数据和学生学习相关数据，为教师进行教学模式创新提供了便利和可能。数据分析以可视化的形式为教师评估学生学习效果、有针对性地进行教学提供基本数据、行为数据、交互数据、表现数据、情感数据等，有助于教师对不同程度的学生进行个性化指导。

VR、HR 等运用感知技术的沉浸式情景学习，能够将学习中的真实场景与虚拟场景结合，拓展学习情境，使学生成为知识的探究者，促进知识应用在感知技术中的应用，实现正式学习与非正式学习的有效结合，使学习无处不在，实现跨界学习。

在教学理念方面，新媒体促进教师教学方式、学生学习方式、师生角色转变的变革。新媒体在教学中的使用突破了传统的灌输式教学，教师实现了从主讲到主导的转变，在教学中更加注重教师与学生、学生与学生之间的交流互动，尤其是混合式学习促进学生相互协作、团结互助的能力提升。学生的主体性得到凸显，在学习环境、学习资源、学习时间、学习地点等方面都有很大程度的自主性，不必再完全依赖于课堂和书本，实现了自主学习。

（三）新媒体技术拓展教育渗透空间要求教学模式改革

新媒体作为育人的重要载体和平台，拓展了教育参与主体的范围，需要通过教育的理念化渗透、制度化渗透、技术性渗透、文化性渗透等途径，实现新媒体在教育中的完善，提升高校思政课协同创新能力。

新媒体理念渗透到教学思维之中。信息时代，教师要紧跟时代步伐更新育人思维和教学模式，从封闭的育人思维转向开放的育人过程，学习教育转变。信息论、控制论、系统论等不同理论的发展为教育理念的更新提供了依据，教育理念的渗透化发展为教学模式的创造性实践提出了新要求。

新媒体的使用需要制度规范引导。混合式教学要合理制定教学计划和教学目标，教学模式创新要制定相关的制度规则，建立师生互动机制、学生合作机制、科学评价机制等，实现教学模式的有序运行，提高新媒体的使用率，提高教学效果。

新媒体技术渗透到思政课教学中。思政课的协同创新需要新媒体的多元融合，搭建教育平台，扩大思政课对学生思想品德的持续影响，落实立德树人根本任务。

新媒体将文化渗透到教育教学中。文化是教育发展的物质性要素和精神性要素，中华优秀传统文化的优势性继承和现代文化的创新性发展要融入思政课教学，将红色文化资源、文化产品与上层建筑结合，实现将文化热点与思政课教学要点有机融合，打造精品课堂。

第五章 "三学三疑一提升"教学模式的实施路径

一、"三学三疑一提升"教学模式的核心要素

（一）"三元"整合：构建高效的教学体系

在"三学三疑一提升"教学模式中，"三元"整合作为一个核心要素，旨在构建一个高效、互动与个性化的教学体系。这一整合理念强调将课堂教育学的目标、学生课型学习、学生学习策略与教师导学策略三者紧密融合，形成一个协同作用、相互促进的有机整体。

首先，课堂教育学的目标在整个教学流程中起着举足轻重的作用，它为教师的教学和学生的学习树立了明确的指引和行动准则。这些目标的制定，不仅严格保证了教学内容的科学性、连贯性和系统性，更致力于帮助学生建立起全面而扎实的知识结构。在这一点上，教师会根据目标的要求，细致筛选、组织并优化教学内容，以确保传递给学生的是准确无误、条理清晰且富有逻辑的知识体系。然而，仅仅传递知识是不够的。现代课堂教育学的目标还特别强调了知识的实用性，即如何将理论知识应用到实际生活中去，解决现实问题。为了实现这一目标，教师需要精心设计实践教学环节，引导学生通过亲身体验、动手操作等方式，将所学知识转化为实际操作能力。这样不仅能帮助学生更好地理解和掌握知识，还能激发他们的学习兴趣和创新精神。

与此同时，时代在不断发展，社会在不断进步。因此，课堂教学的目标还要求教学内容必须与时俱进，紧跟学科领域的前沿动态和社会发展的迫切需求。这意味着教师需要不断更新自己的知识储备，及时将最新的学术成果和社会热点引入课堂，让学生始终保持对知识的渴望和对未知的探索。

在这样的背景下，教师的角色变得更加重要和复杂。他们不仅要是知识的传授者，更要是学生学习的引导者、合作者和促进者。为了达到这个目标，教师需要不断提升自己的专业素养和教学能力，积极探索和创新教学方法和手段，努力为学生营造充满活力、富有挑战性和创造性的学习环境。对于学生而言，他们也不再是被动接受知识的"容器"，而是要主动参与到教学过程中来，与教师一起共同探索知识的奥秘。他们需要明确自己的学习目标和方向，积极思考和质疑，勇于实践和创新，不断提升自己的自主学习能力和综合素质。总之，课堂教育学的目标是现代教学工作的核心和灵魂。它不仅为教师提供了明确的教学方向和行动准则，更为学生提供了全面而系统的知识学习和发展机会。在追求这些目标的过程中，教师和学生需要共同努力、密切合作，以实现教学相长、共同进步的理想状态。只有这样，我们才能真正培养出既有扎实知识基础又有创新精神和实践能力的高素质人才，为社会的进步和发展做出更大的贡献。

其次，学生课型学习作为实现教学目标的核心环节，在思政教学中同样扮演着举足轻重的角色。它是知识传递、技能培养和思维方式塑造的交汇点，对于提升学生的综合素质和思政素养具有不可替代的作用。在思政课堂上，不同的课型如讲授课、讨论课、实践课等各具特色，对应着独特的教学功能和认知价值。讲授课以系统、连贯的知识传授为主，帮助学生全面、深入地理解思政理论，为其构建坚实的知识基础；讨论课则侧重于观点的碰撞和交流，通过引导学生参与讨论、质疑和辩护，激发他们的思辨能力和创新精神，培养其对思政问题的深入思考和独立见解；实践课则强调将理论知识与实际行动相结合，通过社会实践、志愿服务等活动，让学生在亲身体验中感受思政理论的魅力和现实价值，培养其社会责任感和公民意识。这些不同的课型不仅对应着独特的教学功能，更进一步要求学生学习时运用不同的学习策略和认知过程。因此，教师在设计教学活动时，需要对学生当前的学习阶段、课程的性质以及学科的内在特点进行全面而深入的分析，以确保选择适当的课型并设计有效的教学活动。对于初学者或基础较为薄弱的学生，讲授课的系统性、连贯性特点能够为他们提供清晰、系统的知识框架，有助于他们快速掌握思政学科的基本概念、原理和理论体系。而对于已经具备一定基础或需要进一步提升思维层次的学生，讨论课和实践课的开放性和互动性则更能满足他们的需求。通过讨论、交流、质疑和辩护等方式，学生可以深入探讨思政问题，拓展思维视野，形成对思政理论的深刻理解和独特见解。同时，实践课的参与性和体验性特点能够让学生在亲身体验中深化对思政理论的认识和理解，培养其运用理论知识解决实际问题的能力。此外，教师还需承担起引导学生根据课型调整学习策略的责任。不同的课型对学习策略的要求各不相同，因此教师需要引导学生根据课型特点选择相应的学习策略。在讲授课中，教师可以通过讲解、演示等方式帮助学生理解知识要点，同时引导学生通过记笔记、提问等方式来加深理解和记忆；在讨论课中，教师需要引导学生学会倾听他人的观点、进行质疑和有理有据的辩护，以激发他们的思维活力和创造力；在实践课中，教师则需要注重培养学生的观察能力、实践能力和解决问题的能力等，帮助他们掌握将理论知识转化为实际行动的方法和技能。当学生意识到自己的学习策略与课型高度契合时，他们的学习积极性和自信心会得到极大提升，从而更加主动地参与到教学过程中。这种积极参与的态度不仅有助于他们更好地吸收知识、发展技能，还能在潜移默化中培养他们的思维方式、学习能力和自主探究精神。因此，在思政教学中，教师对学生课型学习的精心设计和有效引导对于提升教学质量、培养高素质人才具有至关重要的作用。通过灵活运用不同的课型和设计有效的教学活动，教师可以激发学生的学习兴趣，挖掘他们的潜能，帮助他们形成对思政理论的深刻理解和独特见解，培养其成为具有社会责任感、公民意识和创新精神的高素质人才。

最后，实现高效教学的核心在于将学生的学习策略与教师的导学策略进行深度融合。这一融合过程不仅要求教师转变传统角色，更要求他们在学生的学习旅程中扮演引航者、策略顾问和情感支柱等多重角色，以全面满足学生的学习需求并激发他们的学习潜能。为了有效引导学生，教师必须全方位地了解学生，包括他们的认知特点、学习风格、兴趣爱好以及发展潜力。这需要教师综合运用各种评估工具，如诊断性测试、学习风格测试等，以及日常观察和学生自我报告等方式，来全面收集学生的信息，并为每个学生建立起详细的学习档案。基于这些深入的了解，教师需要为学生设计个性化的学习路径和学习策略。这要求教师不仅要掌握多样化的教学手段和资源，更要能够根据学生的学习特点和需求，灵活运用这些手段和资源，以激发学生的学习兴趣和动力。例如，对于视觉型学习者，教师可以利用丰富的图表、视频等视觉元素来呈现知识；对于听觉型学习者，则可以通过生动的讲述、组织有趣的讨论等方式来传递信息。此外，教师还应鼓励学生积极参与学习过程，通过项目式学习、探究式学习等方式，让学生在实践中探索知识、发现问题并解决问题。除了知识传授外，教师还应注重培养学生的元认知能力，包括教授学生如何设定明确的学习目标、制订合理的学习计划、调整自己的学习进度以及评估自己的学习成果等技巧。通过培养学生的元认知能力，教师可以帮助他们建立起自我管理的学习体系，使他们能够更加自主、高效地学习，并不断提升自己的学习能力。在学习过程中，教师的情感支持对学生而言同样重要。面对学习中的挑战和困难，学生往往会感到焦虑、沮丧或失去信心。这时，教师的鼓励、理解和引导就显得尤为重要。教师需要与学生建立深厚的师生关系，为他们营造充满信任、关爱和激励的学习环境。通过与学生的情感交流、及时给予正面的反馈和建设性的建议，教师可以帮助学生保持积极的学习态度，克服学习中的困难，不断取得进步。此外，教师还需要不断反思和调整自己的教学策略，以适应学生的学习变化和需求。教学是一个动态的过程，学生的学习状态和需求会随着时间的推移而发生变化。因此，教师需要定期收集学生的反馈意见，分析学生的学习数据，与其他教师进行交流合作，以及关注教育领域的新动态和新理念，以便及时调整自己的教学方式和方法。通过持续的反思和改进，教师可以确保教学活动始终与学生的学习目标和发展需求保持高度一致，从而不断提升教学质量和效率。

总之，将学生的学习策略与教师的导学策略进行深度融合是实现高效教学的关键所在。通过深入了解学生、设计个性化的学习路径和学习策略、培养元认知能力、提供情感支持以及不断反思和调整教学策略等方式，教师可以更好地满足学生的学习需求，激发他们的学习潜能，为他们的全面发展和未来成功奠定坚实基础。同时，这一融合过程也要求教师具备深厚的专业知识、敏锐的观察力、灵活的教学策略以及持续的反思精神，以不断提升自己的教学能力和专业素养。

通过"三元"整合，我们可以构建高效、互动与个性化的教学体系。在这一体系中，教学目标、课型选择以及学习策略与导学策略相互支持、相互补充，共同推动学生的学习进程。这种教学模式不仅能够提高学生的学习效率和质量，还能够培养他们的创新思维和实践能力，为未来的学术研究和职业发展打下坚实基础。

（二）"三段"学习：循序渐进的认知过程

该模式进一步提出"三段"学习的理念，将学生的学习过程细分为感性认识、理性认识和反思观察三个阶段。在感性认识阶段，学生通过实际操作和亲身体验来对知识形成直观感知；在理性认识阶段，学生则通过系统的学习和深入的思考来构建知识体系；而在反思观察阶段，学生需要对自己的学习过程进行回顾和总结，通过观察他人的学习和表现来获得新的启发。这一过程不仅符合人类认知发展的规律，还有助于培养学生的批判性思维和自我学习的能力。

1. "三段"学习之感性认识阶段

在传统的思政课教学中，学生常常局限于纸上的理论和抽象的概念，难以真切感受到思政教育的深层魅力和现实意义。为了改变这一状况，我们亟须引入一种更为生动、直观的教学方法——将"三段"学习法中的感性认识阶段融入思政课堂，让学生通过深化实践体验，以直观的方式启迪思政智慧。

在这一阶段，教师需要巧妙地结合课程内容，设计出一系列丰富多样、富有创新性和实践性的教学活动。这些活动可以包括角色扮演、模拟情境剧、实地考察、社区服务等，旨在让学生在亲身参与中感受思政教育的魅力和价值。

角色扮演与模拟情境剧可以让学生置身于特定的历史或现实情境中，通过扮演不同角色，深入体验并理解各种社会角色的思想、情感和行为逻辑。这种沉浸式的学习方式将极大地激发学生的学习兴趣和热情，促使他们更加主动、深入地思考和探究思政理论。

实地考察与社区服务则是将学生带出教室，深入社区、工厂、农村等基层单位进行实地调研和服务活动。通过这些活动，学生可以更加直观地了解社会的真实面貌和人民群众的实际需求，从而深刻体会到思政教育的社会责任感和使命感。这种实践性的学习方式不仅能够培养学生的团队协作能力和人际交往能力，更能够让他们将所学知识转化为实际行动，为社会的和谐稳定发展贡献自己的力量。

除了以上实践活动外，教师还可以结合课程内容引入影像资料、案例分析、专题讲座等多种教学工具和手段，进一步丰富学生的感性认识和直观体验。通过这些辅助手段的运用，教师可以更加生动、形象地展示思政教育的丰富内涵和时代价值，引导学生在轻松愉悦的氛围中深化对思政理论的理解和运用。

将"三段"学习法中的感性认识阶段融入思政课教学是一次富有挑战性的尝试，但它所带来的教学效果和学生收益将是不可估量的。通过深化实践体验、以直观方式启迪思政智慧的教学方法创新，我们不仅可以激发学生的学习兴趣和热情，培养他们的实践能力和创新思维，更能够引导他们树立正确的世界观、人生观和价值观，成为担当民族复兴大任的时代新人。同时，这种教学方法的运用还将有助于提升思政课堂的吸引力和影响力，为思政教育的创新发展和时代使命注入新的活力。

2. "三段"学习之理性认识阶段

当学生迈入理性认识阶段，他们的学习之旅便进入了一个全新的层次。在这一阶段，学生们不再满足于表面的知识点和浅层次的理解，而是追求对世界更全面、更深入、更系统的认识。思政课，作为塑造学生世界观、人生观和价值观的关键课程，在这一阶段扮演着举足轻重的角色。

在理性认识阶段，学生开始深入探索思政课的内在逻辑与核心要义，努力把握其中的深层次结构和精神实质。他们不仅要系统学习马克思主义基本原理、中国特色社会主义理论体系等核心内容，还要致力于理解这些理论的时代价值和实践意义。通过深入剖析历史与现实、理论与实践的相互关系，学生们逐步构建起自己对于政治、经济、文化等领域的理性认识框架，形成对世界的全面而深刻的理解。

为了帮助学生更好地理解和运用理论知识，思政课教师需要采用多种教学方法和手段。除了传统的讲授方式外，还可以引入专题研讨、案例分析、角色扮演、辩论赛等多样化的教学活动。这些活动旨在激发学生的学习兴趣和热情，引导他们主动思考、积极探索。通过参与这些活动，学生们可以运用所学理论分析问题、解决问题，提升自己的实践能力和创新思维。同时，这些活动也有助于培养学生的团队协作精神和沟通能力，为未来的学术研究和职业发展打下坚实的基础。

此外，思政课还需要紧密结合时代发展和社会变革，引导学生关注国内外时事热点、社会焦点问题等现实案例。通过引入这些现实案例，教师可以帮助学生将理论知识与现实问题相联系，加深对理论的理解和应用。同时，这种联系实际的教学方法也有助于培养学生的社会责任感和使命感，激发他们为国家和社会做出贡献的热情和动力。

在理性认识阶段，思政课还需要注重培养学生的批判性思维和辩证分析能力。通过引导学生对社会现象进行多角度、多层次的分析和思考，教师可以帮助学生形成全面、客观、理性的认识。这种能力的培养不仅有助于学生更好地理解和应对复杂多变的社会现实，也为他们未来走向社会、参与公共事务提供了有力的支撑。

同时，思政课在理性认识阶段还需要注重与其他学科的交叉融合。通过引入相关学科的知识和方法，教师可以帮助学生拓展视野、丰富认识，形成跨学科的综合素养。例如，可以与历史学、社会学、心理学等学科进行融合教学，共同探讨一些跨学科的议题和问题。这种跨学科的融合教学不仅提高了思政课的吸引力和感染力，也为学生未来的学术研究和职业发展提供了更广阔的空间和更多的可能。

总之，在思政课的理性认识阶段，学生需要通过系统学习、实践体验和跨学科融合等方式，构建起自己对世界的理性认识框架。这一过程不仅提高了学生的逻辑思维能力和问题解决能力，还为他们未来走向社会、参与国家建设提供了有力的支撑。思政课教师作为学生思想成长的引路人，需要充分发挥主导作用，精心设计教学活动和学习情境，引导学生深入思考、积极探索。同时，他们还需要不断创新教学方法和手段，提高思政课的吸引力和感染力，为学生的全面发展和成长贡献智慧与力量。通过这一阶段的学习，学生们将更加坚定地走上理性认识世界、积极投身社会实践的道路。

3. "三段"学习之反思观察阶段

在思政课的学习进程中，"三段"学习法的反思观察阶段，扮演着关键的角色，它不仅代表着知识吸收的深化，更包含了学生思想观念的升华与拓展。

反思阶段主要是知识的内化与自我审视。在反思阶段，学生需要对自己在思政课学习过程中的所学所得、所感所悟进行全面的审视与深度的思考。这不仅涉及对知识点的回忆与梳理，更要求学生挖掘自己在学习中的深层次体验和感悟。学生应该尝试回答这样的问题：课程中的哪些内容触动了我？我对这些内容有何独到的理解与见解？我是否能够将所学知识与我的个人经历、社会现实相结合，形成自己独特的思考？

通过深入的反思，学生能够将外在的知识内化为自己的智慧，从而形成更加深刻的理解与更加稳固的记忆。同时，反思也有助于学生发现自己的学习短板与思维局限，为后续的学习提供明确的改进方向。

观察阶段则要做到"他山之石，可以攻玉"。观察阶段鼓励学生以开放的心态去借鉴他人的学习经验与方法，以拓宽自己的学习视野与思路。在这一阶段，学生需要积极关注身边同学的学习表现与成果，尤其是那些在学习中表现出色、成果显著的同学。通过观察与交流，学生可以了解他们的学习方法、思维方式与解题策略，从而为自己的学习提供新的启发与借鉴。

此外，学生还可以通过参加课堂外的思政实践活动、学术研讨会、社会调研等活动，进一步拓宽自己的学习视野与知识面。这些实践活动不仅能够帮助学生将所学知识应用于实际，更能够让学生在实践中深化理解、发现问题并寻求解决方案。

对于高校思政课来说，反思观察阶段的意义在于它能够帮助学生实现知识的内化与外化，形成自己的知识体系与思维框架。通过反思与观察，学生不仅能够更加深入地理解思政课的内在逻辑与核心价值，更能够培养自己的批判性思维、创新精神与实践能力。这些能力将对学生未来的学术发展、职业发展乃至人生发展产生深远的影响。

因此，教师在思政课的教学过程中应高度重视反思观察阶段的培养与引导。教师可以通过设计具有启发性的反思问题、组织丰富的实践活动、提供多元的学习资源等方式，激发学生的学习兴趣与动力，引导他们进行深入的反思与观察。同时，教师还应关注学生的个体差异与需求，为每个学生提供个性化的指导与支持，助力他们在思政课的学习中实现全面的成长与发展。

（三）"三主"原则：和谐共生的教学生态

"三学三疑一提升"教学模式还坚持"三主"原则，即教师主导、学生主体和训练主线。在这一原则下，教师作为教学活动的组织者和引导者，负责创设学习情境和引导学生进入学习状态；学生则作为学习的主体积极参与教学过程，发挥其主观能动性和创新精神；而训练主线则贯穿整个教学过程，始终强调实践训练和创新能力培养的重要性。这三个主体的协调配合和相互作用形成了和谐共生的教学生态系统。

1. 教师主导：掌舵引领，创设探索之航

在思政课的教学实践中，教师的主导作用至关重要。他们不仅是学生知识海洋的导航者，更是学生思想成长的引路人、情感世界的耕耘者和价值观的奠基者。教师的每一个细微动作、每一句言传身教，都深刻影响着学生的心灵成长和未来方向。

首先，教师需以深厚的学识和精湛的教学艺术来策划与组织教学活动。思政课具有鲜明的时代性和实践性，这就要求教师不仅要有扎实的理论基础，更要能将理论与实践紧密结合，用鲜活的案例和生动的语言将抽象的理论具体化、形象化。他们通过设计多样化、互动性强的教学活动，如角色扮演、小组讨论、情境模拟等，将思政课堂变成一个充满挑战与探索的乐园，让学生在参与中感悟、在体验中成长。

其次，教师需运用丰富多样的教学手段和策略，点燃学生的学习热情。在思政课的教学过程中，教师可以通过引人入胜的故事叙述、扣人心弦的情感渲染、发人深省的案例分析等多种方法，使课堂变得生动有趣且富有深度。同时，他们还可以借助现代信息技术手段，如虚拟现实、大数据等，打造沉浸式的学习环境，让学生在身临其境的感受中深化对思政理论的理解与认同。

再次，教师在引导学生主动探索和思考方面发挥着举足轻重的作用。他们通过精心设问、循循善诱的引导，激发学生的好奇心与求知欲，让他们带着问题去学习、去探究。在这个过程中，教师鼓励学生发表自己的见解和观点，尊重他们的创造性和独特性，培养他们的批判性思维能力和创新精神。同时，教师还需关注学生的思想动态和情感变化，及时给予正面的反馈和支持，帮助他们建立正确的世界观、人生观和价值观。

此外，教师还需以高超的课堂驾驭能力来掌控教学节奏和氛围。他们如同经验丰富的船长，灵活调整航向和速度，确保教学活动能够按照预定的目标顺利进行。在课堂上，教师善于观察和感知学生的反应和需求，适时调整教学内容和策略，以保持学生的学习兴趣和注意力。同时，他们还通过幽默风趣的语言、和蔼可亲的态度和激励性的评价等手段来营造轻松愉悦的课堂氛围，让学生在轻松中学习、在快乐中成长。

最后，思政课教师的主导作用还体现在课外实践活动的指导上。他们不仅要在课堂上传授知识、引导思考，更要将课堂延伸到社会大课堂中去。通过组织学生参加志愿服务、社会调研、红色教育等实践活动，让学生在亲身体验中感悟思政理论的真谛和价值所在。同时，教师还需积极与社会各界沟通合作，为学生搭建更广阔的实践平台，扩展更丰富的学习资源，助力他们的全面成长和发展。

综上所述，在思政课的教学实践中，教师需要充分发挥自身的主导作用，通过精心策划的教学活动和学习情境来激发学生的学习兴趣和好奇心，引导他们主动探索、积极思考。在这个过程中，教师不仅是知识的传递者、技能的教授者，更是学生思想的引领者、价值观的塑造者和未来发展的奠基者。在教师的掌舵引领下，学生得以在思政知识的海洋中扬帆起航、乘风破浪、勇往直前，不断提升自己的思想政治素养和综合素质，成为担当民族复兴大任的时代新人。

2. 学生主体：自驱航行，构筑个人化知识图谱的探索者

在 "三学三疑一提升" 的思政教育创新模式中，学生的角色经历了根本性的转变。他们不再仅仅是知识的 "容器"，被动地等待被填充，而是成为自驱航行、主动求知、勇于探索并构筑个人化知识图谱的探索者。这一转变不仅凸显了学生在教育过程中的主体地位，也为思政教育注入了新的活力和深度。

作为自驱航行的探索者，学生在思政课程的学习中表现出强烈的内在动力和自主性。他们不再仅仅满足于表面的知识记忆，而是深入挖掘思政课程背后的深层含义和时代价值。通过自主选择学习主题、参与社会实践、进行小组讨论等方式，学生积极地将思政理论与现实生活结合，探索知识的实际应用和社会意义。

在主动探索的过程中，学生不仅学习了思政课程的基本知识，更重要的是培养了独立思考、批判性思维和创新精神。他们不再盲目接

受现成的观点，而是学会用辩证的眼光看待问题，提出自己的见解和解决方案。这种探索性的学习方式不仅提升了学生的思政素养，也为他们未来参与社会、服务国家奠定了坚实的基础。

同时，学生在构筑个人化知识图谱的过程中，充分发挥了主体作用。他们根据自己的兴趣、经验和学习风格，将思政课程中的新知识与已有知识进行有效整合和重构，形成独具特色的个人化知识体系。这种个人化知识图谱不仅有助于学生对思政课程的系统化和结构化理解，更能提升他们的自主学习能力和终身学习的意识。

此外，学生在"三学三疑一提升"思政教育模式中，还需要对自己的学习过程进行深刻的反思与自主调控。他们需要不断审视自己的学习策略、方法和成果，及时发现问题并进行调整。这种自我监控和反思的过程有助于学生在学习过程中保持清晰的方向感和目标感，使学习更加高效且有针对性。

总的来说，学生在"三学三疑一提升"思政教育模式中的角色转变，不仅提升了他们的学习主体地位，也为他们的全面发展注入了新的活力。通过自驱航行、主动探索并构筑个人化知识图谱，学生不仅在思政课程的学习中取得了显著的进步，还培养了独立思考、创新精神和终身学习的能力。这些能力将伴随他们一生，成为他们未来成长和发展的重要支撑。

3.训练主线：乘风破浪，实践创新之航程

在"三学三疑一提升"这一创新教学模式中，训练主线不仅是一条引导学生探索知识的路径，更是一次旨在培养学生全面素质和能力的深刻航程。它融合了现代教育理念，强调实践与创新，与思政课内容紧密结合，共同构筑起学生全面发展的坚固基石。

其一，训练主线的连续性与系统性是确保教学效果的关键。它不是一成不变的固定流程，而是根据学生的学习进度、反馈和需求进行动态调整和优化的过程。从基础知识的巩固到高级技能的掌握，再到创新思维的激发，训练主线步步为营，层层递进，确保学生在每个阶段都能获得最佳的学习体验和最大的成长收获。

　　其二，实践训练在训练主线中占据核心地位。理论知识的学习是基础，但将其转化为实际应用能力才是教育的最终目标。因此，训练主线中设计了丰富多样的实践活动，如案例分析、角色扮演、模拟演练等，让学生在真实或模拟的情境中运用所学知识，锻炼实际操作能力，深化对知识的理解和掌握。

　　其三，训练主线注重培养学生的创新意识和实践能力。创新是推动社会进步的重要力量，也是个人职业发展的核心竞争力。在训练过程中，教师要鼓励学生勇于尝试、敢于创新，通过组织创新竞赛、开展科研项目等活动，激发学生的创新热情，培养他们的创新意识和实践能力。同时，教师还应注重培养学生的批判性思维和问题解决能力，引导他们从不同角度审视问题，提出新颖独特的解决方案。

　　其四，训练主线与思政课的深度融合是提升学生综合素质的重要途径。思政课是培养学生正确世界观、人生观和价值观的主渠道，而训练主线则是提升学生实践能力和创新意识的重要载体。二者紧密结合可以使学生在掌握专业知识和技能的同时，具备良好的思想道德素质和人文素养。例如，在训练主线中融入思政课的爱国主义教育、法治意识培养等内容，可以引导学生在实践中践行社会主义核心价值观，成为德才兼备的优秀人才。

　　其五，训练主线的终极目标是提升学生的社会适应能力和终身学习能力。面对快速变化的社会环境和日益激烈的竞争压力，学生需要具备强大的适应能力和持续学习的能力才能立于不败之地。因此，训练主线不仅关注学生的当前学习成果，更注重培养他们的未来发展潜力，通过系统的、有针对性的训练，帮助学生掌握有效的学习方法、提升自主学习能力、培养团队协作精神等，为他们的长远发展奠定坚实基础。

　　综上所述，"三学三疑一提升"教学模式中的训练主线是一条充满挑战与机遇的航程。它要求学生在教师的引导下，以实践为基础、以创新为动力、以全面发展为目标，乘风破浪、勇往直前。通过与思政课的深度融合，学生在掌握专业知识和技能的同时，成为具备良好思想道德素质和人文素养的优秀人才，为未来的社会发展和个人成长贡献自己的力量。

二、"三学三疑一提升"教学模式遵循的原则

（一）教师先学与教师后教相结合的原则

教师先学与教师后教相结合的原则，在现代教育理念中占据核心地位，它不仅是教学过程的两个基本环节，更体现了教学相长的深刻内涵。这一原则强调教师在传授知识前需有充足的知识储备与教学理念更新，即"教师先学"，进而在实际教学中根据学生的实际情况进行灵活应用与调整，即"教师后教"。这种结合不仅提升了教师的教学质量，更有助于激发学生的学习兴趣和潜能。

教师先学，是对知识体系的深入挖掘和对教学理念的更新。在这个过程中，教师需要全面、系统地掌握所教内容，包括基础知识、学科前沿动态以及教育教学方法等。同时，教师还需要通过持续的学习，不断更新自己的知识结构和教育观念，以适应不断变化的教育环境和学生需求。这种学习的过程，不仅为教师的后教提供了坚实的理论支撑，也为他们的专业发展奠定了坚实的基础。

教师后教，则是对教师先学的有效转化和应用。在教学过程中，教师需要根据学生的实际情况和学习需求，灵活运用各种教学方法和手段，将先学的知识以易于理解的方式传授给学生。同时，教师还需要通过及时的反馈和调整，不断优化教学过程，确保教学效果的最优化。这种后教的过程，不仅是对教师先学的成果检验，更是对教师教学能力和专业素养的全面展现。

教师先学与教师后教相结合的原则，体现了教学活动的连贯性和互动性。它要求教师在整个教学过程中始终保持高度的敏感性和适应性，能够根据学生的学习情况和反馈，及时调整教学策略和方法。这种灵活性和互动性不仅有助于激发学生的学习兴趣和主动性，还能够培养他们的创新思维和解决问题的能力。

总的来说，教师先学与教师后教相结合的原则是现代教育理念中的重要组成部分。它强调了教师在教学过程中的主导地位和学生在学习过程中的主体地位，促进了教学相长和学生全面发展的实现。因此，在现代教育实践中，我们应该充分重视并贯彻这一原则，以推动教育质量的不断提升和学生的全面发展。

（二）教师教法与学生学法相结合的原则

教师教法与学生学法相结合的原则，在教学理论中占有重要的地位，它是确保教学活动高效、有序进行的基础。这一原则突出了教师与学生的互动关系，强调了教法与学法之间的相互配合与协调，以达到最佳的教学效果和学习体验。

从教师的角度来看，有效的教法不仅能够传授知识，更能够启迪思维、引导发现、激发兴趣。因此，教师在选择教法时，应充分考虑学生的实际情况，包括他们的认知水平、兴趣爱好、学习习惯等，使教法具有针对性和可操作性。同时，教师还应注重教法的多样性和灵活性，以适应不同教学内容和学生个体的需要。在教学过程中，教师还要根据学生的学习反馈，及时调整和优化教法，确保教学活动能够持续、有效地进行。

从学生的角度来看，学法即学习的方法和策略，是学生获取知识、提升能力的关键。一个优秀的学生或者教育者应该鼓励学生探索适合自己的学法，培养他们独立思考、自主学习的能力。同时，学生还应在教师的指导下，学会与他人合作、交流，共同解决问题，形成积极的学习态度和学习习惯。

教师教法与学生学法相结合的原则，强调了教法与学法的相互影响、相互促进。一方面，教师的教法应服务于学生的学法，为学生提供有效的学习支持和指导；另一方面，学生的学法也应反馈于教师的教法，为教师改进教学提供有益的参考。这种相互配合、相互协调的关系，有助于形成和谐、高效的教学氛围，推动教学质量的全面提升。

在实际教学中，教师应通过课堂观察、作业分析、学生反馈等多种途径，及时了解学生的学习情况和学习需求，有针对性地调整教法。同时，教师还应关注学生的学习过程和学习方法，给予及时的指导和帮助，引导他们形成科学、高效的学习习惯。而学生也应在教师的引导下，积极探索适合自己的学法，主动参与学习活动，与教师和同学共同构建积极、互动的学习共同体。

综上，教师教法与学生学法相结合的原则是提升教学质量、促进学生学习发展的重要保障。它要求教师在关注教法的同时，也要关注学生的学法和学习过程，实现教与学的和谐统一。同时，这一原则也为学生提供了更加广阔的学习空间和发展机会，有助于培养他们的创新精神和实践能力。因此，在教学实践中，我们应始终坚持并贯彻落实这一原则，为培养更多优秀人才贡献智慧和力量。

（三）教学实践与教学反思相结合的原则

教学实践与教学反思相结合的原则，在现代教育理念中被视为提升教学质量、促进教师专业发展的核心要素。这一原则强调，在教学活动中实践与反思的相互依存、相互促进，共同推动教学的持续改进和教师的全面成长。

教学实践是教师将教学理论和方法应用于实际教学环境的过程，它是教学理念和方法的"试验场"。通过实践，教师能够直接观察学生的学习情况，感受教学方法的实际效果，从而获取第一手的教学反馈。实践不仅为教师提供了丰富的教学经验，还为教学理论和方法的验证与完善提供了重要的依据。在实践中，教师需要关注学生的学习状态、反应和表现，及时调整教学策略，以确保教学的有效性和针对性。

然而，教学实践并非孤立存在，而是需要与教学反思紧密结合。教学反思是对教学实践的深入分析和总结，是教师对自身教学行为的审视和思考。在反思过程中，教师需要全面回顾自己的教学理念、教学内容、教学方法以及教学效果，深入挖掘存在的问题及其原因，并积极寻求改进之道。反思不仅能够帮助教师从实践中提炼经验，还能够激发教师的创新意识和探索精神，推动教学的不断创新和发展。

教学实践与教学反思的结合，体现了教育教学的科学性和系统性。实践为反思提供了真实的场景和生动的素材，使反思更加具有针对性和实效性；而反思则为实践提供了明确的方向和科学的指导，使实践更加有目的性和计划性。这种结合有助于教师形成良性的教学循环，即"实践—反思—改进—再实践"，推动教学质量和教师专业水平的持续提升。

为了更好地运用教学实践与教学反思相结合的原则，教师需要具备一定的专业素养和反思能力。首先，教师需要具备扎实的教学理论基础和丰富的教学实践经验，能够灵活运用各种教学方法和手段，以满足学生的学习需求。其次，教师需要具备敏锐的洞察力和深刻的反思能力，能够及时发现教学中存在的问题和不足，并进行深入的分析和思考。最后，教师需要具备开放的心态和创新的意识，不断接受新的教学理念和方法，勇于尝试新的教学实践，以推动教学的不断改进和创新。

总之，教学实践与教学反思相结合的原则是提升教学质量、促进教师专业发展的重要保障。通过不断的实践和反思，教师可以逐步积累教学经验、提升教学技能、形成自己独特的教学风格；同时也可以不断更新教学理念和方法、适应教育教学的发展变化、为学生提供更加优质的教育服务。因此，在教学活动中，教师应始终坚持这一原则，不断推动教学的持续改进和自身的专业成长。

（四）个人备课与集体备课相结合的原则

个人备课与集体备课相结合的原则，是现代教学管理体系中的一项核心理念，它如同一座坚实的桥梁，紧密地连接了教师个体的独特性与团队协作的集体力量，为教学质量的提升注入了新的活力。

个人备课，作为教师个体教学的重要环节，是教师专业成长的基石。在这个过程中，教师能够充分发挥自己的主观能动性，深入研究教材，了解学生特点，设计符合学生实际的教学方案。每位教师都拥有自己独特的知识结构、教学经验和教学风格，这些个体差异正是教学多样性和创新性的源泉。通过个人备课，教师可以将自己的教学理念、方法和技巧融入教学，打造出独具特色的教学课堂，从而激发学生的学习兴趣，提高教学效果。同时，个人备课也有助于培养教师的独立思考能力和创新意识，推动教师在专业道路上不断成长和进步。

然而，教学是一项复杂而系统的活动，需要多方面的知识和技能支持。面对日新月异的教学内容和不断变化的学生需求，单靠教师个体的力量往往难以应对教学中的各种挑战和问题。集体备课则为教师提供了一个相互学习、共同研讨的平台，成为提升教学质量的重要途径。在集体备课中，教师们可以汇聚智慧，共同研究教学策略和方法，解决教学中的难题。通过分享各自的教学经验和教学资源，教师们可以相互借鉴、取长补短，不断拓展自己的教学视野和知识面。这种团队协作的方式有助于打破个体思维的局限，激发新的教学灵感和创意，提升教学团队的整体实力和教学水平。

将个人备课与集体备课相结合，是现代教学管理中的一项创新举措，它实现了教学的个性化与整体性的有机统一。个人备课保证了教学的针对性和灵活性，使教学更加贴近学生的实际需求和学习特点；而集体备课则通过团队协作和资源共享，提升了教学的系统性和科学性，确保了教学内容的连贯性和一致性。这种备课方式不仅有助于提高教师的教学质量和效果，更能促进教师之间的专业交流和团队协作能力的提升，为学生的全面发展提供坚实的教学支持。同时，这也体现了现代教学管理体系对教师专业成长和团队协作的高度重视和支持。

在实施个人备课与集体备课相结合的原则时，学校应该为教师提供良好的备课环境和条件，鼓励教师积极参与集体备课活动，加强教学团队的建设和管理。同时，学校还应该建立科学的评价体系，对教师的备课质量和教学效果进行客观、全面的评价，以激励教师不断提升自己的教学水平和专业素养。

　　总之，个人备课与集体备课相结合的原则是现代教学管理中的一项重要策略，它旨在通过个体与团队的有机结合，实现教学的最优化和高效化。这种备课方式的推广与实施对于提升教师的教学水平、促进学生的全面发展以及推动教育教学的持续创新和改进具有重要意义。同时，这也将推动学校教学管理体系的不断完善和发展，为培养更多优秀人才奠定坚实的基础。

（五）被动听课与主动参与相结合的原则

　　在传统的教学观念中，课堂往往被视作教师传授知识、学生接收知识的单向通道。在这种模式下，学生多数时间处于被动听课的状态，扮演着知识的"容器"角色。然而，随着教育改革的深入和对学生主体地位认识的提升，"三学三疑一提升"教学模式提出了被动听课与主动参与相结合的新原则，为课堂教学注入了新的活力。

　　被动听课，虽然在一定程度上确保了知识的系统性和连贯性传递，但长期以来，其弊端也日益显现。它容易使学生产生依赖心理，抑制了学生的主动性和创造性，导致课堂氛围沉闷，学生学习效果不佳。因此，我们迫切需要一种能够激发学生内在动力、提高学习效果的教学方式。

　　主动参与则是解决这一问题的有效途径。它要求学生不再是知识的被动接受者，而是成为学习的主体，积极参与到课堂活动中来。通过参与讨论、发表观点、合作探究等方式，学生可以主动构建自己的知识体系，培养批判性思维和解决问题的能力。同时，主动参与还能够增强学生的自信心和学习兴趣，使学习变得更加有趣和有意义。

　　然而，我们也不能完全否定被动听课的价值。在某些情况下，如学习新知识、掌握基本技能时，被动听课仍然是必要的。它能够帮助学生快速掌握知识点，为后续的主动参与打下基础。因此，我们需要在被动听课与主动参与之间找到一种平衡，实现二者的有机结合。

　　这种结合的关键在于教师的引导和学生的配合。教师需要转变角色，从知识的传授者转变为学习的引导者和促进者，为学生创造主动参与的机会和条件。而学生则需要培养自己的主动意识和参与能力，积极参与到课堂活动中来，与教师和同学进行互动交流。

被动听课与主动参与相结合的原则体现了现代教育的理念和精神。它要求我们在教学过程中既要注重知识的传授和技能的训练，又要关注学生的主体性和创造性发展。通过实施这一原则，我们可以打破传统教学模式的束缚，激发学生的学习兴趣和动力，提高教学效果和质量。同时，它还能够培养学生的创新精神和实践能力，为未来的学习和发展奠定坚实的基础。

总之，"三学三疑一提升"教学模式中的被动听课与主动参与相结合的原则是一种富有创新性和实效性的教学原则。它旨在通过平衡被动听课与主动参与的关系，激发学生的学习兴趣和动力，提高教学效果和质量。在未来的教育实践中，我们应该积极探索和实施这一原则，为培养更多具有创新精神和实践能力的人才贡献力量。

（六）独立自学与小组合学相结合的原则

独立自学与小组合学相结合的原则，在当代教育体系中，被赋予了更深远的意义和实践价值。这一原则不仅回应了知识社会对学生自主学习和协作能力的双重要求，而且反映了教育对学生个体性和社会性的双重关注，是教育理念和实践创新的重要体现。

独立自学是学生学习和发展的基石，是他们掌握知识的重要途径。独立自学要求学生具备一定的学习策略和认知能力，能够主动设定目标、选择内容、管理时间、监控进程，并反思结果。在这一过程中，学生不仅需要理解和消化知识，还需要将其内化为自己的智慧和见解。独立自学培养了学生的独立性、自主性和创新性，为他们未来适应知识更新迅速、信息爆炸的社会打下了坚实的基础。

然而，知识的学习和理解往往需要在交流和合作中深化和拓展。小组合学便为学生提供了这样的宝贵平台。在小组合学中，学生可以分享自己的见解和思考，倾听他人的观点和建议，从而在多元的互动中丰富和深化对知识的理解。同时，小组合学还要求学生具备一定的团队协作技能，如沟通、协商、分工和合作等，这些都是他们在未来社会生活中不可或缺的能力。

独立自学与小组合学相结合，形成了学生学习和发展的强大合力。独立自学为学生提供了自主探索、深入思考的机会，小组合学则为学生提供了交流合作、共同发展的平台。二者相互补充、相互促进，共同推动学生的全面发展。在这一学习模式中，学生不仅能够获得知识和技能的提升，还能够在情感、态度和价值观方面得到全面的培养。

为了实现独立自学与小组合学的有机结合，教师需要精心设计教学活动和学习环境，提供必要的学习资源和支持。例如，教师可以设置开放性的问题或项目，让学生在独立思考的基础上进行合作探究；或者组织小组讨论、角色扮演等活动，让学生在互动中学习和成长。同时，教师还需要关注学生的个体差异和学习需求，提供个性化的指导和帮助，让每个学生都能在独立自学与小组合学的结合中找到适合自己的学习路径和发展空间。

总之，独立自学与小组合学相结合的原则是当代教育的重要趋势和方向。它不仅符合学生认知和社会性发展的规律，也顺应了时代对教育的要求和期待。在未来的教育实践中，我们应该继续深化对这一原则的理解和探索，努力为学生创造既充满挑战又充满合作的学习环境，让他们在独立自学与小组合学的结合中不断成长和进步。

三、"三学三疑一提升"教学模式的实践资源

（一）线上学习资源

在"三学三疑一提升"这一创新教学模式的框架下，线上学习资源已经演变为教育领域中一股不可或缺的力量，为学生提供了前所未有的学习机会和成长空间。通过诸如慕课（MOOC）、学习通、B站等先进网络平台的技术支持，学生们得以摆脱地域限制，随时随地沉浸在知识的海洋中，与全球顶尖的学术资源和思想领袖进行深度

互动。

慕课，作为数字时代的教育革新力量，以其开放性、大规模性和高质量的教育资源，在全球范围内激起了教育变革的浪花。它们不仅仅是一座座学术的桥梁，更是无垠的知识海洋，将全球的学术瑰宝汇集一堂，供学生自由遨游。慕课平台与全球顶尖学府、学术巨匠建立了紧密的合作关系，为学生带来了前所未有的学习机会。无论是身处偏远山区的孩子，还是渴望进一步深造的职场人士，都能平等地获得这些宝贵的学习资源。地域和资源的限制在慕课面前变得不再是障碍，知识的流动变得前所未有的自由和畅通。慕课所呈现的课程内容，不仅博大精深，更兼具了广度和深度。从各个学科的基础知识到前沿研究，从理论与实践的结合到跨学科的探索，慕课都为学生提供了全面、深入且系统的学习体验。在这里，学生可以与学术巨匠进行心灵的对话，感受他们严谨的学术态度和求知的热情；学生也可以与来自世界各地的同伴交流互动，共同碰撞出思想的火花。除了卓越的课程资源，慕课还以其灵活多样的学习方式和高度个性化的学习路径，满足了学生多样化的学习需求。学生可以根据自己的兴趣、时间和进度，自由选择学习的内容和方式。无论是利用碎片时间进行微学习，还是投入大量时间进行深度学习，慕课都能提供适合的学习模式和资源支持。此外，慕课还通过先进的技术手段，为学生打造了沉浸式的学习环境。虚拟现实、人工智能等技术的应用，使学习过程更加生动有趣，大大提高了学生的参与度和学习效果。同时，慕课平台还通过大数据分析，实时跟踪学生的学习进度和反馈，为教学提供有力的数据支持，进一步优化教学内容和方式。可以说，慕课不仅为学生打开了一扇通往世界学术殿堂的大门，更为他们的全面发展、终身学习和职业成长提供了强有力的支持和保障。在未来的教育变革中，慕课将继续发挥其独特的优势和价值，携手全球学生共同探索知识的无穷魅力，书写属于他们自己的精彩人生篇章。同时，慕课也将推动教育的公平与普及，让更多人享受到优质的教育资源，共同构建一个更加美好的未来。

与此同时，学习通、B 站等网络平台如同一个个光彩夺目的星系，在学习的宇宙中散发着迷人的光芒，吸引着无数学生驻足探索。它们所呈现的丰富多样、高度互动的学习内容，不仅为学生们打开了一扇扇通往知识殿堂的大门，更为他们铺设了一条条通往成功的星光大道。在这些平台上，学习资源浩如烟海，涵盖了各个领域、各个层次的知识与技能。从深入浅出的基础课程到高精尖的专业研究，从生动有趣的科普视频到严谨系统的学术讲座，应有尽有，无所不包。这些资源就像是一颗颗璀璨的明珠，镶嵌在知识的宝冠上，熠熠生辉，令人目不暇接。视频教程以其直观形象、生动有趣的特点，深受学生们的喜爱。它们将复杂的知识和技能以简洁明了的方式呈现出来，让学生们能够在轻松愉悦的氛围中快速掌握要点。同时，这些视频教程还融入了丰富的动画、音效和实景拍摄等元素，使得学习过程更加生动有趣，令人难以忘怀。在线讨论社区则为学生们提供了一个自由交流、碰撞思想的广阔天地。在这里，他们可以发表自己的观点和见解，与志同道合的同学共同探讨学术问题，分享学习心得和生活感悟。这种互动与交流的学习方式，不仅有助于拓宽学生们的视野和思路，更能够培养他们的批判性思维和创新能力。此外，这些网络平台还注重学习与娱乐相结合，通过设计各种富有趣味性和挑战性的互动环节，如在线竞赛、闯关游戏、积分奖励等，激发学生们的学习兴趣和动力。这种寓教于乐的学习方式，让学生们在快乐中收获知识，在挑战中提升自我，实现了真正意义上的"玩中学，学中玩"。更为重要的是，这些网络平台还具备强大的个性化学习功能。它们可以根据每个学生的兴趣、爱好和学习进度，智能推荐合适的学习资源和路径，为学生提供量身定制的学习体验。这种个性化的学习方式，不仅有助于满足学生们的多样化需求，更能够激发他们的学习潜能和创造力，让他们在学习的道路上越走越远。通过这些网络平台的学习与历练，学生们将逐渐培养起自主学习、终身学习的意识和能力。他们可以在这里不断探索、不断挑战、不断超越，实现自身全面而均衡的发展。而这种持续的学习与成长，将为他们未来的人生征程奠定坚实的基础，助力他们在各个领域绽放出耀眼的光芒。

值得一提的是，线上学习平台通过前沿科技的深度融合和创新设计理念的引领，已经精心打造出一个开放多元、交融互通、高度互动的学习生态系统。在这个充满生机与活力的虚拟学习社区中，学生的声音和观点得到了前所未有的尊重和珍视。他们不再受限于传统的课堂模式，而是能够自由地表达个人见解，分享独特思考，并与来自五湖四海的同学展开深入而富有个性化的交流，实现思维的交汇与碰撞，激发出无数灵感的火花。更令人振奋的是，学生还有机会与学术界的泰斗和行业内的领军人物进行实时互动。这种与卓越人物的直接对话，让学生不仅能够从他们身上汲取宝贵的智慧和经验，更能在思想的激荡中磨砺自己的创新思维和批判性能力。这种跨越层次、领域的多元化交流与深度互动，不仅有助于学生深入剖析知识内涵，将所学灵活运用于实践之中，更能有效拓宽他们的国际化视野，为未来的学术探索和职业发展奠定坚实的基础。在这个充满活力的线上学习平台中，每一个学生都能够找到属于自己的成长路径，实现自我价值的最大化。这不仅是一场学习的革命，更是一场关于未来教育模式的深刻变革。

因此，在"三学三疑一提升"教学模式的推动下，线上学习资源已经逐渐演变成了学生成长路上的得力助手。它不仅为学生带来了丰富多彩的学习体验，更为他们提供了一个无边界的学术探索和实践空间。在这个充满可能性的平台上，学生可以自由探索知识的深邃与广博，不断挑战自我、超越自我，实现自身认知水平和综合能力的跨越式提升。线上学习资源，已经深深融入学生的学习生活，成为他们成长道路上不可或缺的组成部分，引领着他们走向更加美好的未来。

（二）课堂学习资源

在"三学三疑一提升"这一科学的教学模式中，课堂学习资源的地位不可忽视，它们是教师组织教学和学生获取系统知识的基础与保障。这些资源，如教材、PPT、辅导用书及经典著作，共同构成了多层次的知识传递与理解系统。

首先，教材在教学活动中扮演着至关重要的角色，它是教学内容的核心载体，承载着系统、连贯的知识体系。教材不仅为学生提供了学习和研究的明确路径，更是他们深入探索学科领域的指南针。通过认真研读教材，学生能够逐步掌握学科的基本概念、基本原理和基本技能，这些要素共同构成了他们扎实的专业知识基础。教材的编写并非随意而为，而是严格遵循学科发展的内在逻辑和学生认知发展的规律。这意味着教材中的知识点是按照一定的逻辑顺序和认知层次进行组织和编排的，既保证了知识的系统性和完整性，又符合学生的认知特点和学习需求。这样的编写方式有助于学生在头脑中建构起一个清晰、完整且严密的知识网络，使他们能够更好地理解和应用所学知识。此外，教材还注重对学生思维能力和学习方法的培养。通过设计各种具有启发性和引导性的问题、案例和实验，教材鼓励学生进行主动思考、独立分析和解决问题，从而培养他们的批判性思维、创新思维和自主学习能力。这些能力的培养对于学生未来的学术研究和职业发展都具有重要意义。可见，教材在 "三学三疑一提升" 教学模式中占据着举足轻重的地位。它是学生获取知识、形成专业素养的重要途径，也是教师组织教学、实施教育目标的重要工具。因此，在教学过程中，我们应充分重视教材的作用，引导学生认真研读教材，深入挖掘其中的知识和智慧，为他们的全面发展和终身学习奠定坚实的基础。

其次，PPT 作为一种视觉呈现和信息传递的工具，在教育领域的广泛应用已经日益凸显其重要性。从认知心理学的角度来看，人类大脑对于视觉信息的处理速度远快于文字信息，因此，PPT 通过图形、图表、动画等视觉元素来呈现知识，能够更有效地吸引学生的注意力，提高他们的认知效率。在教育技术学的视角下，PPT 不仅仅是一种展示工具，更是一种具有强大交互功能的教学媒体。通过嵌入视频、音频、超链接等多媒体元素，PPT 能够为学生提供一个多维度、立体化的学习环境，有助于他们更全面地理解和掌握知识。同时，

PPT 的交互功能还能够促进师生之间的实时互动，激发学生的学习兴趣和主动性，提高他们的课堂参与度。从教学设计的角度来看，PPT 是教师进行教学设计的重要工具之一。教师可以通过 PPT 来组织和规划教学内容，明确教学目标和教学重点，使得课堂教学更加有针对性和系统性。同时，PPT 的灵活性也使得教师能够根据学生的实际情况和需求进行及时调整和优化，确保教学的有效性和高效性。此外，PPT 还有助于培养学生的自主学习能力和创新思维。通过提供丰富的视觉信息和交互功能，PPT 能够激发学生的学习兴趣和探究欲望，促使他们主动地进行知识建构和问题解决。同时，PPT 的开放性也使得学生能够根据自己的兴趣和需求进行个性化的学习路径选择。总之，PPT 作为一种现代化的教学工具，在"三学三疑一提升"教学模式中发挥着不可替代的作用。它不仅能够通过直观、形象、高效的知识呈现方式提升教学的效率和质量，还能够通过交互功能和灵活性促进师生之间的互动和学生个性化学习的发展。因此，在教育信息化的大背景下，我们应该充分认识到 PPT 在教学中的重要价值，并积极探索和实践其在教学中的创新应用，以推动教育教学的不断发展和进步。

再次，辅导用书在巩固和拓展学生知识方面发挥着重要作用。我们不难发现，辅导用书在学生学习过程中，实际上充当了连接理论知识与实践应用、课程学习与课外拓展的桥梁。辅导用书的精心设计，不仅为学生提供了巩固和深化理论知识的实践平台，更为他们打开了一扇通向更广阔的知识领域的窗户。从知识巩固的角度来看，辅导用书中的习题和例题是不可或缺的部分。这些题目紧密围绕课程知识点设计，旨在通过反复练习，帮助学生熟练掌握并运用所学知识。学生在解题过程中，不仅需要回顾和梳理相关知识点，还需要运用逻辑思维和批判性思维去分析、解决问题。这样的学习过程，无疑有助于学生加深对理论知识的理解，同时也提升了他们的实践应用能力和问题解决能力。辅导用书中的拓展阅读材料，更是为学生提供了一个探索未知、拓宽视野的机会。这些材料经过精心挑选和编排，涵盖了课程相关的前沿研究成果、学科发展动态以及实际应用案例等。通过阅读这些材料，学生不仅可以了解到更多与课程相关的知识，还能够接触到学科领域内最新的研究思想和方法，从而培养他们的创新意识和科研素养。辅导用书中设置的思考题和探究题，则是引导学生进行深入学习和探索的重要工具。这些题目往往具有一定的开放性和挑战性，要求学生运用所学知识去分析、解决实际问题。通过这样的训练，学生可以逐渐学会如何发现问题、提出问题、分析问题和解决问题，进而形成自己的独立见解和解决方案。总之，辅导用书在"三学三疑一提升"教学模式中发挥着举足轻重的作用。它不仅通过习题和例题帮助学生巩固所学知识，提升实践应用能力，还通过拓展阅读材料和思考题引导学生拓宽视野、进行深入的学习和探索。这样的设计，使得辅导用书成为学生学习过程中的良师益友，为他们的全面发展提供了有力的支持。

最后，经典著作在学科发展和学生学术素养提升中占据着举足轻重的地位。这些著作是历代学者智慧的结晶，蕴含着丰富的思想、理论和方法，为后人提供了宝贵的学术资源和研究灵感。通过阅读经典著作，学生可以深入探究学科的发展脉络、思想演变和研究范式，从而形成更加系统、深入的专业知识体系。经典著作不仅记录了学科的发展历程和重要思想，更在其中蕴含了深刻的学科智慧和方法论。学生通过阅读这些著作，可以接触到不同学者的研究视角和思考方式，从而拓宽自己的学术视野，提升思维的深度和广度。这种阅读过程，实际上也是学生与历代学者进行思想对话的过程，有助于激发学生的学术兴趣和创新精神。此外，经典著作还为学生提供了丰富的学术语言和表达范式。这些著作中的概念、术语和理论框架，是学科内通用的学术话语体系的重要组成部分。学生通过学习和运用这些学术语言，可以更加准确、规范地表达自己的学术观点和研究成果，提高学术交流的效率和效果。总之，经典著作是学生学术成长道路上不可或缺的宝贵资源。通过阅读经典著作，学生可以深入了解学科的发展历程和思想体系，拓宽学术视野，提升思维品质，掌握学科通用的学术语言和表达范式。因此，在"三学三疑一提升"教学模式中，我们应该充分重视经典著作的学习和运用，引导学生通过阅读经典著作来提升自己的学术素养和综合能力。

综上，课堂学习资源在"三学三疑一提升"教学模式中发挥着基础性和支撑性的作用。这些资源相互配合、相互补充，共同构成科学、系统、高效的教学体系，为培养学生的专业能力和综合素质提供了有力保障。

（三）实践学习资源

在"三学三疑一提升"教学模式下，实践学习资源对提升学生实践能力和社会责任感至关重要。结合红色教育基地等实践教学，通过实地考察、社会实践和志愿服务，学生能将理论知识应用于实际，培养自身社会责任感。实践学习不仅提升学生实践能力，还促进其综合素质的发展，使其成为有担当的新时代青年。

红色教育基地等实践教学基地，不仅是中华民族深厚历史文化和革命传统的有力见证，更是蕴藏着无穷教育宝藏的殿堂。它们记录着革命先烈的英勇事迹承载着他们的崇高精神，见证着中华民族在苦难中奋起、在挫折中前行的坚韧与毅力。这些基地所蕴含的历史意义和教育价值，是任何书本知识都无法替代的。当学生踏入这些红色教育基地，他们仿佛被带入了一个充满历史厚重感和革命激情的世界。在这里，他们可以通过实地考察、参观学习，亲身感受那些曾经改变历史进程的重大事件和伟大人物。每一件革命文物、每一处革命遗址、每一段革命故事，都如同历史的碎片，拼凑起一幅幅波澜壮阔的革命画卷。在这样的学习环境中，学生不仅能够更加直观地了解革命历史的发展脉络，更能深刻领悟革命精神的伟大力量。他们会被革命先烈们的英勇无畏、坚定信仰所感染，从而激发出自己内心深处的爱国热情和民族自豪感。这种情感上的触动和共鸣，往往比单纯的书本知识更能深入人心，更能对学生的成长产生深远的影响。同时，红色教育基地等实践教学基地也是理论知识与实践相结合的绝佳场所。在这里，学生可以将课堂上学到的理论知识与实际情况进行对照和验证，通过观察和思考，发现理论与实践之间的联系和差异。这种学习方式不仅让学生有机会将所学知识应用于实际，更能帮助他们在实践中发现问题、解决问题，从而提高他们的实践能力和问题解决能力。此外，在红色教育基地等实践教学基地进行学习，也是培养学生批判性思维、历史意识和社会责任感的重要途径。在这里，学生不仅需要了解历史事实和革命精神，更需要学会用历史的眼光去审视和评价现实生活中的种种现象。他们需要思考历史与现实之间的联系，探究历史事件对当今社会的启示和影响。这样的学习过程有助于学生形成正确的历史观和价值观，提升他们的综合素养和社会责任感。同时，通过在这些实践教学基地的学习，学生还能够更加深入地了解社会、了解国情，增强他们的社会责任感和使命感。他们会意识到，作为新时代的青年，他们肩负着传承和发扬革命精神、为实现中华民族伟大复兴的中国梦而奋斗的历史使命。这种使命感和责任感，将激励他们在未来的学习和生活中更加努力奋斗、勇于担当。综上所述，红色教育基地等实践教学基地不仅为学生提供了丰富的历史文化和革命传统教育资源，更是帮助学生将理论知识与实践相结合、提高实践能力和问题解决能力、培养批判性思维和历史意识、增强社会责任感和使命感的重要平台。我们应该充分利用这些实践教学基地的资源优势，推动实践教学的深入开展，为学生的全面发展和综合素质提升创造更加有利的条件。同时，我们也应该不断创新实践教学的方式方法，让红色教育基地等实践教学基地在新时代焕发出更加绚丽的光彩。

社会实践和志愿服务等活动，作为连接学校与社会的桥梁，不仅为学生提供了广阔的学习平台，更是促进学生全面发展的重要途径。从多个角度来看，这些活动都具有深远的意义。

首先，从全球化和跨文化交流的角度来看，社会实践和志愿服务等活动为学生提供了接触不同文化、理解多元社会的机会。在全球化的今天，培养学生的国际视野和跨文化交流能力至关重要。通过参与这些活动，学生可以接触到来自不同背景、不同文化的人们，了解他们的生活方式、价值观念和思维方式，从而增强自己的文化敏感性和包容性。这种跨文化交流的经验将对学生未来的国际交往和职业发展产生积极的影响。

其次，从心理健康和人格培养的角度来看，社会实践和志愿服务等活动有助于培养学生的自信心、责任感和积极心态。在参与活动的过程中，学生需要面对各种挑战和困难，通过克服这些困难，他们可以增强自己的自信心和抗压能力。同时，为他人提供帮助和服务的过程也可以让学生感受到自己的价值和意义，从而培养他们的责任感和使命感。这种积极的心态和健全的人格将对学生未来的生活和工作产生深远的影响。

再次，从创新能力和创业精神的角度来看，社会实践和志愿服务等活动为学生提供了发挥创意、解决问题的平台。在这些活动中，学生需要面对实际的问题和挑战，通过发挥自己的想象力和创造力，寻找解决问题的方案。这种创新实践的经验将激发学生的创新思维和创业精神，为他们未来的创新发展和创业道路奠定坚实的基础。

最后，从社会参与和公民意识的角度来看，社会实践和志愿服务等活动是培育学生成为积极公民的重要途径。通过参与这些活动，学生可以更加深入地了解社会问题和社会需求，增强自己的社会责任感和公民意识。他们将学会如何通过自己的行动为社会作出贡献，成为推动社会进步和发展的积极力量。这种社会参与的经验将对学生未来的公民行为和社会责任感产生深远的影响。

综上，社会实践和志愿服务等活动不仅为学生提供了广阔的学习平台，更从多个角度促进了学生的全面发展。通过参与这些活动，学生可以拓展自己的国际视野、培养积极的心态和健全的人格、激发创新思维和创业精神、增强社会责任感和公民意识。因此，我们应该大力推广这些活动，让更多的学生在实践中学习、在奉献中成长，在未来为社会作出更大的贡献。

第六章 "三学三疑一提升"教学模式的保障措施

一、建立学校党委统筹的大思政工作格局

为了确保"三学三疑一提升"教学模式的顺利实施并取得预期效果，学校党委必须发挥核心领导作用，全面统筹和协调各方资源，以形成大思政工作格局。这一格局的构建不仅有助于提升教学质量，还能确保教学活动与学校整体发展战略相一致。

（一）制定缜密教学计划

为深入贯彻"三学三疑一提升"的教学模式于思政课中，制订一份详尽、缜密且具有时代引领性的教学计划是至关重要的。此计划旨在明确教学的方向、内容与策略，同时确保每一次教学活动均有的放矢、有条不紊地推进。

1.教学目标

在教学目标的厘定上，必须志存高远，超越单纯的知识灌输，而深入到学生综合素质的培养。不仅要将重点放在知识的有效传递上，确保学生能够全面掌握思想政治理论的基础知识，还要进一步关注对学生的思辨能力、政治觉悟以及核心价值观的培育。这意味着，教学目标不仅是让学生通过记忆和背诵获取知识，更是要培养他们独立思考、分析复杂问题的能力，以及坚定正确的政治方向和人生价值观。具体而言，教学目标应紧密结合国家的教育政策，贯彻落实国家对青年学生的全面发展要求，同时充分展现学校的教学特色和育人理念。致力于塑造具有社会责任感、历史使命感的新时代青年，他们不仅学识渊博，更具备批判性思维和创新精神，能够在复杂多变的社会环境中坚守道德底线，积极投身于国家的发展和社会的进步中。这样的教

学目标期望培养出既符合国家需要，又具备高度个人素养和社会责任感的新时代青年。详细内容如表 6-1 所示。

表 6-1 教学目标

知识掌握方面	目标 1：确保学生能够全面掌握思政课中的基础概念和核心观点	学生能够准确理解和表述马克思主义基本原理、中国特色社会主义理论体系的核心内容
		学生能够识记并理解课程中涉及的重要政治术语和概念
	目标 2：学生对课程涉及的重要历史事件、人物及其思想有清晰的认识和理解	学生能够详述课程中涉及的重要历史事件的发生背景、过程和影响
		学生能够准确介绍和解释关键历史人物的主要贡献和思想
思辨能力培养	目标 1：培养学生运用理论分析和解决实际问题的能力	学生能够运用马克思主义理论分析当前的社会问题，提出合理的解决方案
		学生能够在面对实际问题时，运用所学的理论知识进行深入分析，并形成独到的观点
	目标 2：锻炼学生的逻辑思维能力、批判性思考能力和语言表达能力	学生能够有条理地组织和表达自己的观点，逻辑清晰，言之有据
		学生能够在课堂讨论和辩论中，对他人的观点进行批判性分析，并提出自己的见解
政治觉悟提升	目标 1：加深学生对中国特色社会主义的理解和认同	学生能够深刻理解中国特色社会主义道路的历史必然性和现实意义
		学生能够坚定对中国特色社会主义理论体系的信仰，树立社会主义理想信念
	目标 2：引导学生正确认识历史和人民的选择	学生能够认识到历史和人民选择中国特色社会主义道路是符合中国国情的必然选择
		学生能够增强对国家发展道路的自豪感和使命感，积极投身于国家的建设和发展中

续表

核心价值观培育	目标1：弘扬社会主义核心价值观	学生能够在日常生活中践行社会主义核心价值观，如诚信、友善、敬业等
		学生能够在面对道德困境时，坚守社会主义核心价值观，做出正确的道德选择
	目标2：让学生在实践中体验并践行社会主义核心价值观	学生能够通过参与社会实践，深刻体会社会主义核心价值观的实际意义
		学生能够在实践中积极践行社会主义核心价值观，使其成为生活的一部分
社会责任感和历史使命感培养	目标1：鼓励学生关注社会现实问题	学生能够主动关注社会热点问题，了解社会动态，对社会发展有自己的见解和思考
		学生能够积极参与社会服务活动，为社会作出贡献，体现社会责任感
	目标2：激发学生的历史使命感	学生能够了解并珍视中华民族的历史文化传承，认识到自己在历史长河中的责任和使命
		学生能够为实现中华民族伟大复兴的中国梦贡献自己的力量，展现历史使命感

2. 教学内容

在思想政治理论课"三学三疑一提升"的教学模式中，教学内容的选择是至关重要的环节。它不仅需要涵盖思想政治理论的基础知识，确保学生对核心概念有全面而深入的理解，而且还应紧密结合当下社会的热点和难点问题，引导学生进行深入的剖析与探讨。这样的教学内容不仅具有时效性，更能够激发学生的学习兴趣和求知欲。

为了增强学生的理论素养，教学内容中必须融入经典文献的学习，例如，可以引入《共产党宣言》、《资本论》（节选）、《矛盾论》、《实践论》等马克思主义经典著作。这些著作不仅揭示了社会发展的规律，也为学生提供了深入理解马克思主义理论的窗口。通过对这些经典文献的研读，学生可以更加深刻地理解思想政治理论的精髓，并学会如何运用这些理论分析现实问题。

此外，教学内容还可以结合中国历史上的重要事件和人物如杨靖宁、杨根思、王支德等，如抗日战争、解放战争中的英雄事迹，以及改革开放等具有划时代意义的历史事件。这些内容不仅能够让学生感受到历史的厚重感，更能够增强他们的国家认同感和历史使命感。

同时，为了培养学生的创新思维和实践能力，教学内容中还可以添加对当代社会问题的探讨，如环境保护、贫富差距、性别平等等，鼓励学生运用所学的思想政治理论知识，对这些问题提出自己的见解和解决方案。

综上所述，教学内容应广泛而深入，既要包含思想政治理论的基础知识，又要结合经典文献、历史事件以及当代社会问题，形成立体、多元的知识体系。这样的教学内容不仅能够提升学生的理论素养，更能够培养他们的思辨能力、实践能力和创新精神，从而实现对思想政治理论的全面理解和深刻掌握。

3.教学方法

在思想政治理论课的教学中，教学方法的创新是提升教学质量、激发学生兴趣的关键。为了与"三学三疑一提升"的教学模式相契合，需要打破传统的单一授课模式，引入更加多元化、互动性强的教学方法。

首先，研讨式教学是一种有效的教学方法。在这种模式下，教师可以设定主题，让学生自主查找资料、准备发言，并在课堂上进行讨论和交流。这种方法能够充分发挥学生的主观能动性，培养他们的批判性思维和口头表达能力。同时，结合经典文献的研讨，如让学生围绕《实践论》中关于实践与认识的关系展开讨论，不仅能深化对理论的理解，还能锻炼学生的思辨能力。

其次，案例教学也是一种生动实用的教学方法。通过选取具有代表性的社会事件或历史案例，教师可以引导学生进行深入分析，并尝试运用所学的思想政治理论知识去解释和解决这些问题。例如，通过分析历史上的著名革命运动或当代的社会改革案例，学生可以更加直观地理解马克思主义关于社会变革的理论，并学会如何将这些理论应用到实际问题的分析中。

最后，情境教学是一种能够模拟真实环境、增强学生体验感的教学方法。教师通过设定特定的历史或社会情境，让学生扮演不同的角色进行模拟演练，可以帮助他们更好地理解历史事件或社会现象，并培养他们的同理心和团队协作精神。例如，通过模拟抗日战争时期的战场环境或改革开放初期的社会情境，学生可以更加深入地理解那个时代人们的奋斗精神和爱国情怀。

在运用这些教学方法的过程中，要紧密结合 "三学三疑一提升" 的教学理念。在自学阶段，鼓励学生通过自主学习提出疑问；在互学阶段，引导学生通过小组讨论等形式相互解答疑问；在群学阶段，则通过全班性的交流和辩论来进一步明确和深化对问题的理解。这样，学生不仅能够在互动中学习到新的知识和观点，还能在解决问题的过程中切实提升自己分析问题和解决问题的能力。

总之，引入研讨式教学、案例教学、情境教学等多元化教学方法，并结合 "三学三疑一提升" 的教学理念，可以使思想政治理论课的教学更加生动、有趣和有效。这不仅能够激发学生的学习兴趣和探究欲望，还能切实提升他们的思辨能力、实践能力和创新精神，从而更好地实现思想政治理论课的教学目标。

4. 教学进度

在思想政治理论课 "三学三疑一提升" 教学模式中，合理规划教学进度是确保教学质量和学生学习效果的关键环节。为了做到这一点，教师需要根据学生的认知规律和学习特点来安排教学进度，确保每一阶段的学习目标都能得到有效落实。

首先，教学进度的初级阶段应集中在思想政治理论的基础知识传授上。这一阶段的教学应以稳定、有序的方式进行，确保学生能够全面理解和掌握基本概念和原理。同时，可以初步引入经典文献阅读，如让学生接触并理解《共产党宣言》中的核心观点,从而帮助他们建立起对马克思主义理论的初步认识。

其次,随着教学的深入,中级阶段应更加注重理论与实践的结合。在这一阶段,教师可以适度加快教学进度,结合社会热点和实际问题,引导学生进行案例分析和研讨。例如,利用现实中的社会事件或政策案例,让学生通过所学知识进行分析和讨论,以培养他们的思辨能力和问题解决能力。重要的是,这一阶段必须预留足够的时间供学生独立思考和深入讨论,避免填鸭式教学,确保学生能够主动参与到学习过程中。

最后,在高级阶段,教学进度应更加注重学生的自主学习和综合能力培养。教师可以组织专题研讨、论文撰写等活动,激发学生的研究兴趣和创新能力。同时,鼓励学生深入研读经典文献,如《资本论》等,以提升他们的理论素养和批判性思维。在这一阶段,教学进度应具有一定的灵活性,以适应不同学生的学习需求和兴趣发展。

在整个教学进度的规划中,必须始终以学生为中心,以学生的全面发展为根本目标。通过合理规划教学进度,并结合学生的认知规律和学习特点进行教学,可以确保学生在"三学三疑一提升"的教学模式中获得全面、系统且深入的学习体验。这不仅有助于提高学生的理论素养和实践能力,还能培养他们的创新思维和批判性思维,从而为其未来的学术和职业发展奠定坚实基础。

5. 教学评价

在思想政治理论课的"三学三疑一提升"教学模式下,构建科学且系统的教学评价体系是确保教学质量和效果的关键。这一评价体系必须紧密围绕思想政治理论的核心内容展开,旨在全面评估学生对基本理论知识的掌握程度,并深入了解他们在分析社会现象时灵活运用思想政治理论进行深刻分析和准确判断的能力。

为了更精确地衡量学生的学习成果,需采用多元化的评价方式。具体而言,应对学生的课堂参与度、小组讨论的活跃度和贡献、以及他们撰写的论文或研究报告的深度和创新性进行综合考量。这些多样化的评价手段不仅有助于更全面地洞察学生在思想政治理论学习过程中的认知发展,还能准确反映他们的思辨能力和实践应用能力。

同时,教学评价不应仅仅停留在成果层面,更应深入关注学生的成长轨迹和学习态度。学生在学习过程中展现出的独立思考、勇于质疑和不懈探究的精神,以及他们如何将思想政治理论与现实社会紧密结合,都是评价其学习成效的重要方面。这种评价方式有助于更深入地了解学生对理论的掌握程度和应用能力。

在构建科学的教学评价体系时,我们可以从经典思想政治理论中汲取智慧,将其核心理念融入评价标准和内容。例如,我们可以借鉴马克思主义关于人的全面发展的理论,将学生的综合素质提升视为评价的重要考量因素,从而确保评价体系的全面性和深入性。

建立紧密结合思想政治理论课特点的教学评价体系,不仅能更有效地评估学生的学习效果,还能引导他们深化对思想政治理论的理解和应用。这将有助于培养出既具备深厚理论素养又拥有出色实践能力的优秀人才,为社会的繁荣和进步贡献力量。

总之,制订一份缜密且引领时代的教学计划,对于提升思想政治理论课的教学质量、促进学生全面发展具有重要意义。这份计划应明确高远的教学目标,精选丰富的教学内容,采用多元化的教学方法,合理安排教学进度,并建立科学的评价体系。实施这一计划,必将培养出更多具备扎实理论基础、创新精神和实践能力的优秀人才,为国家的未来发展贡献力量。

(二)加强师资能力建设

在思想政治理论课 "三学三疑一提升" 教学模式中,师资队伍建设是至关重要的一环。教师是教学活动的主体,他们的素质和能力不仅关系到知识的传授,更影响着学生思想观念的塑造和价值观的形成。因此,加强师资队伍建设,提升教师的整体素质和教学能力,是推动这一教学模式有效实施的关键。

学校党委应站在时代的前沿,高度重视师资队伍建设,并采取切实有效的措施来提升教师的政治素质和业务能力。

一方面，学校党委应高度重视并定期组织深入且系统的政治理论学习。这样的学习并非简单地灌输理论知识，而是要确保每位教师都能全面、深入地理解马克思主义理论的时代内涵、价值及其在当今社会实践中的具体应用。为此，学校可以邀请相关领域的专家学者进行讲座，或者组织教师参与研讨和交流，以促进对理论的深入理解和吸收。通过这样的学习，教师们不仅能够掌握马克思主义理论的核心要义，更能领悟到其与时俱进的精神，从而将这些理论精髓灵活地运用到实际教学和生活之中。在这一过程中，教师们的政治觉悟和思想认识将得到实质性的提升。他们能够更加准确地解读国家的大政方针，深刻理解教育在社会主义建设中的基础性作用，进而明确自身所肩负的育人责任。当教师们在课堂上传授知识时，他们也能更加自信、准确地传递社会主义核心价值观，帮助学生树立起正确的世界观、人生观和价值观。与此同时，学校党委还应大力推进师德师风建设活动，以提升教师的职业道德素养。这些活动应着眼于引导教师树立崇高的教育理想和职业操守，明确教育的核心目标是促进学生的全面、和谐发展。为了实现这一目标，教师不仅在学科知识和教学技能上保持持续进步，更要在道德品质和行为规范上为学生树立典范。通过加强师德教育，教师们应能够在日常教学和生活中展现出高尚的道德风范，以身作则地引导学生向着真善美的方向成长。这样，教师们不仅在课堂上传授知识，更在课外通过自己的言行影响和激励学生，为培养德智体美劳全面发展的社会主义建设者和接班人奠定坚实而广泛的基础。

另一方面，学校应全方位、多层次地组织教师参与各类业务培训和学术交流活动。这些活动不仅涵盖传统的教学方法和策略，还要涉及现代教育技术的运用、学生心理的洞察以及跨学科的教学整合。通过参与这些培训，教师们能够系统地更新自己的教育理念和教学方法，掌握最前沿的教育教学知识。特别是在"三学三疑一提升"这一创新性的教学模式下，教师需要更高的教学智慧和应变能力。该模式强调学生的自主学习、合作探究，以及批判性思维的培养，这对教师的教学能力提出了新的挑战。因此，学校需要为教师提供更具针对性和实效性的培训，例如，可以组织教师进行案例分析、模拟教学等互动式培训，让他们在实际操作中感受新模式的魅力和挑战；同时，邀请在 "三学三疑一提升" 教学模式下有丰富实践经验的教师或专家进行分享，为其他教师提供可借鉴的经验和策略。学校还应鼓励并支持教师走出校园，参与更广泛的学术交流活动。这不仅可以拓宽教师的视野，还能让他们在与外界的交流中，发现新的教学灵感和合作机会。总之，通过全面、系统的业务培训和学术交流活动，教师可以更好地适应 "三学三疑一提升" 教学模式，提高自己的教学水平和专业素养，为学生的全面发展提供更加坚实的教学支持。

此外，为了全面提升师资队伍的素质和能力，建立健全的教师激励机制显得尤为重要。学校应当深入研究并构建多维度、全方位的评价体系，确保每位教师的专业成长和全面贡献都能得到准确而公正的评估。这一评价体系不仅包括传统的教学质量评估、科研成果考核，还应将教师的教学创新、学生指导成效、团队合作精神、社会服务贡献等多个方面纳入考量。在全面评价的基础上，学校需设立一套具有吸引力的奖惩机制。对于在教学、科研、管理等方面作出杰出贡献的教师，学校应给予充分的肯定和适当的奖励。这种奖励不仅体现在物质层面的激励，如提供奖金、晋升机会、专业发展和研究资源等，更应注重精神层面的嘉许，如颁发荣誉证书、组织表彰大会、在校园内外广泛宣传其优秀事迹等，以此增强教师的职业荣誉感和归属感。同时，对于表现尚需提升的教师，学校应提供有针对性的指导和帮助，如安排导师辅导、提供专业培训、鼓励教师之间的交流和研讨等。这些措施旨在帮助教师识别自身存在的不足，明确改进的方向，并激发他们自我提升的内在动力。除了个体的激励，学校还应注重团队激励的重要性，通过设立团队奖励，鼓励教师之间的协作与交流，促进学科交叉和团队合作，从而推动学校整体教学科研水平的提升。总之，通过建立健全的教师激励机制，学校能够更有效地调动教师的工作积极性，激发他们的创新精神，促进整体教学质量的提升。同时，这种机制还有助于在校园内营造一种积极向上、团结协作的良好氛围，为学校的长远发展奠定坚实的基础。

在师资队伍建设过程中，学校可以积极借鉴经典教育理念来深化和丰富实践。陶行知先生的"生活即教育、社会即学校、教学做合一"的教学理念提供了一种全新的视角。该理念强调教育与实践的紧密结合，鼓励教师在实际生活中寻找教学素材，并将社会实践活动融入教学。通过引导教师关注生活、关注社会，学校能够培养他们的实践能力和创新精神，使其教学更加生动、实用，并更贴近学生的实际需求。同时，苏霍姆林斯基的"全面和谐发展"教育理论对师资队伍建设也有着重要的指导意义。此理论强调教育应致力于促进人的全面和谐发展，涵盖知识、能力、情感态度等各个方面。在师资队伍建设中，除了关注教师的专业素养和教学技能的提升，还要注重其人文素养和情感态度的培养。通过提升教师的人文素养，学校可以培养出更具情感魅力和人格魅力的教师，进而对学生产生深远的影响。总之，借鉴经典教育理念来指导师资队伍建设，可以使实践更加科学、全面。结合陶行知和苏霍姆林斯基的教育理念，学校可以培养出既具有实践能力又注重人文素养的教师队伍，为学生的全面发展提供更有力的支持。

综上，加强师资队伍建设是推动思想政治理论课"三学三疑一提升"教学模式有效实施的重要保障。提升教师的政治素质和业务能力、拓宽教师的知识视野和教学思路、建立健全教师激励机制等措施，能够打造一支高素质、专业化的师资队伍，为培养新时代中国特色社会主义事业的合格建设者和接班人提供有力支持。

（三）完善教学评价体系

在思想政治理论课"三学三疑一提升"教学模式下，完善教学评价体系显得尤为重要。这一体系不仅是衡量教学效果的标尺，更是推动教学改革、提升学生综合素养的关键。

　　首先，教学评价体系的建立应以学生全面发展为核心，这体现了教育的根本宗旨和长远目标。在 "三学三疑一提升" 的教学模式中，学生的自主学习、合作探究能力以及批判性思维成为培养的重点，这要求教学评价体系需要被重新审视并构建。新的评价体系必须围绕学生的核心能力展开，这些核心能力包括但不限于自主学习能力、合作探究能力以及批判性思维。评价时，教师不仅要关注学生的知识掌握程度，这是传统教学评价的主要焦点，更要重视他们在学习过程中展现的能力提升和素质拓展。例如，学生在自主学习过程中，如何有效地收集、整理和运用信息，如何解决问题，如何与他人进行有效的沟通和协作，这些都是评价的重要指标。为了实现这一目标，必须打破传统的以考试成绩为唯一标准的评价方式。这种评价方式过于单一，无法全面反映学生的真实能力和素质。取而代之的，应是一种多元化、综合性的评价机制。这种评价机制应结合定量和定性的方法，既考虑学生的考试成绩，也考虑他们的学习过程、学习态度、学习方法和进步情况。同时，新的教学评价体系还应具有灵活性和开放性，以适应不同学生的学习需求和特点。每个学生都是独一无二的，他们有着不同的学习方式、学习速度和学习兴趣。因此，评价体系应能够尊重并反映这些差异，为每个学生提供公平、公正的评价。此外，新的教学评价体系还应注重学生的自我反思和自我提升能力，通过引导学生参与评价过程，让他们了解自己的优点和不足，明确改进的方向，从而激发他们的学习动力，促进他们的全面发展。总之，以学生全面发展为核心的教学评价体系是 "三学三疑一提升" 教学模式的重要组成部分。构建多元化、综合性的评价机制，可以更全面地评价学生的学习效果，更好地满足他们的学习需求，进一步推动他们的全面发展。

　　其次，过程评价与结果评价应实现有机结合，以在 "三学三疑一提升" 教学模式中全面、深入地评估学生的学习情况。过程评价着重关注学生在学习过程中的态度、方法和进步情况，是动态、连续的评估方式。这种评价方式能够实时跟踪学生的学习轨迹，揭示他们在面对问题和挑战时所采用的学习策略，以及他们如何调整自己的学习行为以适应不断变化的学习环境。过程评价的重要性在于它提供了丰富的反馈信息，有助于教师和学生了解学习的薄弱环节，从而及时进行干预和调整。例如，教师可以通过观察学生在课堂上的表现、小组讨论的参与度以及作业的完成情况等，来评估学生的学习态度和方法。同时，学生也可以通过自我反思和同伴评价，了解自己的学习进步情况和需要改进的地方。与过程评价相对应，结果评价则侧重衡量学生最终达到的学习水平。它通常以标准化的测试、期末考试或项目成果等形式出现，能够客观地反映学生在一段时间内的学习成效。结果评价的优势在于其客观性和可比性，它可以为学生提供一个清晰的成绩标准，以便他们了解自己在班级或年级中的相对位置。然而，单纯依赖结果评价是片面的，因为它无法全面反映学生的学习过程和努力程度。因此，将过程评价与结果评价有机结合，可以提供一个更加全面、多维度的学习评价。这种评价方式不仅能够更准确地评估学生的学习效果，还能帮助教师及时发现学生的学习难点和问题，从而调整教学策略，提供更有针对性的指导。在"三学三疑一提升"模式中，这种综合评价方式尤为重要。该模式强调学生的自主学习、合作探究和批判性思维，这些能力需要在学习过程中不断被磨练和提升。通过过程评价，教师可以了解学生在这些方面的表现，及时给予指导和支持；而通过结果评价，教师可以检验学生的学习成果，评估教学目标是否达成。总之，过程评价与结果评价的有机结合是"三学三疑一提升"教学模式中的重要环节。它不仅能够更全面地评价学生的学习效果，还有助于教师及时调整教学策略，更好地满足学生的学习需求。这种评价方式体现了以学生为中心的教育理念，有助于促进学生的全面发展。

再次，引入多元评价主体对于确保教学评价的客观性和公正性具有至关重要的作用。在"三学三疑一提升"的教学模式中，鼓励教师、学生和同行专家等多方共同参与教学评价，以期获得更全面、更准确的反馈信息。教师是教学评价的核心主体之一。他们深入了解学生的学习情况，能够直接观察到学生在学习过程中的表现，因此他们的评价具有很高的参考价值。教师可以通过对学生的课堂表现、作业完成情况和考试成绩等多方面进行综合评估，为学生提供有针对性的指导和建议。同时，学生的自我评价和同伴评价也是不可或缺的评价环节。自我评价能够帮助学生更深入地了解自己的学习过程，发现自己的优点和不足，从而调整学习策略，提升学习效果。而同伴评价则能提供独特的视角，让学生们从同龄人的角度审视自己的学习表现，这不仅能够增强学生的自我认知，还能促进他们之间的交流和合作。此外，引入同行专家评价可以为教学改革提供更为专业、客观的建议。同行专家具有深厚的学科知识和丰富的教学经验，他们能够从更高的层次和更广阔的视角对教学评价提出宝贵意见。这些意见不仅有助于发现并解决教学中存在的问题，还能不断推动改进教学方法，提升教学质量。为了确保多元评价主体的有效参与，教师还可以建立相应的评价机制和平台。例如，可以设立学生评价小组，定期组织学生进行自我评价和同伴评价；同时，也可以邀请同行专家进行教学观摩和评价，以便及时获取他们的反馈和建议。总之，引入多元评价主体是确保教学评价客观性和公正性的关键举措。通过教师、学生和同行专家的共同参与，我们可以获得更全面、更准确的评价信息，为教学改进提供有力支持。这种评价方式不仅有助于提升学生的学习效果，还能推动教学改革的深入进行，实现教育质量的持续提升。

最后，完善的教学评价体系必须与时俱进，保持持续的创新精神。教育是一个不断发展的领域，随着教育理念的不断更新和教学方法的不断进步，教学评价体系也应进行相应的调整和完善。这种动态的完善过程能够确保评价体系始终与教育的最新趋势和实践保持一致，从而更好地服务于学生的学习和发展。例如，教学评价体系可以借鉴陶行知先生的"生活即教育"理念，将社会实践和现实生活情境纳入评价体系。这意味着，除了传统的课堂表现和考试成绩，教师还可以考察学生在实际生活中的表现和应用所学知识的能力。比如，组织学生参与社会实践活动，观察他们在实践中的知识运用能力和解决问题的能力，并将这些作为评价的重要指标。这样的评价方式能够更真实地反映学生的综合素质和能力，促进他们更好地将所学知识与现实生活相结合。同时，教学评价体系也可以参考苏霍姆林斯基的"全面和谐发展"教育理论，注重学生的情感态度和价值观的培养在评价中的体现。学生的情感态度和价值观是他们人格发展的重要组成部分，也是他们未来成为社会有用之才的关键因素。因此，在评价过程中，教师应关注学生的情感态度、合作精神和责任意识等方面的表现，鼓励他们形成积极向上的人生态度和正确的价值观念。为了实现这一目标，教师可以采用多种评价方式，如学生自评与互评、教师评价以及家长评价等，以便更全面地了解学生的情感态度和价值观。同时，教师还可以结合具体的教学活动和情境，设计相应的评价任务，让学生在完成任务的过程中展现他们的情感态度和价值观。此外，随着信息技术的发展，我们还可以利用大数据和人工智能等先进技术对教学评价体系进行创新和优化。对大量教学数据的分析和挖掘，可以更精确地了解学生的学习情况和需求，为他们提供更个性化、更科学的教学评价。总之，完善的教学评价体系需要与时俱进，不断创新。通过借鉴先进的教育理念、引入新的评价方式和利用现代技术手段，我们可以构建起更加科学、全面、个性化的教学评价体系，为学生的全面发展提供更有力的支持。

综上，完善的教学评价体系是思想政治理论课"三学三疑一提升"教学模式成功实施的重要保障。通过以学生全面发展为核心、注重过程与结果评价相结合、引入多元评价主体以及不断创新评价方式等方法，能够构建出一个既符合时代要求又充满创新精神的教学评价体系。这不仅有助于及时发现和改进教学中的问题，更能激励学生积极参与教学活动，全面提升教学效果。

二、提升"三学三疑一提升"教学模式的教师队伍素质

为了有效实施这一创新教学模式，教师需要具备深厚的专业知识、灵活的教学方法和敏锐的学生需求洞察力。学校应通过多种途

径，如专业培训、教学研讨和实践经验分享，来不断提升教师队伍的整体素质。同时，学校应鼓励教师积极参与教学改革，自主探索和实践 "三学三疑一提升" 教学模式，从而更好地激发学生的学习兴趣，培养他们的创新思维和实践能力。通过这些措施，学校可以打造一支高素质、专业化的教师队伍，为思想政治教育学科的发展提供有力的人才保障。

（一）促进教师自我驱动、提升教师专业发展

1. 自我驱动的学习者：持续学习，精进专业

（1）终身学习理念的践行

终身学习理念，深深植根于教师的专业精神之中，它不仅仅是对知识的持续追求，更是对教育事业的深刻理解和热爱的体现。在知识日新月异、社会变革风起云涌的当今时代，践行终身学习理念已经超越了职业素养的范畴，成为教师自我提升和教育发展的核心驱动力。

首先，践行终身学习理念，意味着教师要以锲而不舍的求知欲和勇往直前的探索精神，深入挖掘知识的矿藏，探寻真理的踪迹。这绝非对新知识的浅尝辄止，而是对现有知识体系的持续挑战、深刻反思与全面超越。教师需要勇敢地跳出舒适圈，以开放的心态和包容的胸怀，迎接每一次知识的更新与变革，正如《论语》中所言："温故而知新，可以为师矣。"

其次，践行终身学习理念是教师专业素养得以持续提升的源泉活水。在 "三学三疑一提升" 的教学模式中，教师需要凭借精湛的教育技艺和深厚的文化底蕴，驾驭那些变幻莫测的教学情境。这不仅要求教师具备坚实的专业基石，更需要他们拥有敏锐的洞察力和灵活的应变能力。通过孜孜不倦地学习，教师可以不断磨砺自己的教学锋刃，使教育教学更加精准、高效。

再次，践行终身学习理念是教师实现自我超越和精神升华的必由之路。在持续学习的征途上，教师需要不断地审视自我、反思自我、超越自我，以此实现职业生涯的蜕变和飞跃。这种自我超越不仅仅局

限于知识技能的提升，更在于教育理念的刷新、教育情怀的升华以及教育智慧的积累。如荀子所言："学无止境。"教师正是在不断学习的过程中，逐渐塑造出更加完善的自我。

最后，践行终身学习理念对于引领学生踏上终身学习之旅具有举足轻重的意义。一个真正将终身学习理念融入骨髓的教师，会以自身的言传身教和深远影响力，点燃学生的求知欲望，激发他们的探索精神。这样的教师会引导学生逐步建立起自主学习的意识和能力，为他们的未来发展奠定坚实的基础，同时为社会的进步和创新注入源源不断的活力。如韩愈所言："师者，所以传道、授业、解惑也。"一个践行终身学习理念的教师，正是这样一位能够传道、授业、解惑的引路人。

（2）主动探索与知识更新

在"三学三疑一提升"的教学模式中，教师的主动探索精神和知识更新能力如同教学的双翼，引领着教师在教育的天空中飞翔。这不仅关乎到教学效果的提升，更体现了教师对于教育事业的热情和执着。

首先，主动探索是教师成长的关键。正如古人云："学如不及，犹恐失之。"在教育的道路上，教师需要保持一颗永不停歇的探索之心，深入挖掘"三学三疑一提升"教学模式的精髓。这不仅仅是对教学理念的探寻，更是对教学实践的反思与创新。教师需要勇于尝试、敢于突破，将新的教学理念融入课堂，让学生在轻松愉悦的氛围中获得成长。通过主动探索，教师能够更好地把握教学规律，使教学效果如虎添翼。

其次，知识更新是教师专业发展的基石。"问渠那得清如许，为有源头活水来。"在思想政治教育领域，新的理论成果、教育理念和教学方法层出不穷。教师需要时刻保持敏锐的洞察力，捕捉最新的教育动态，将新知识、新技能融入自己的教学。这不仅有助于提升教师的教学水平，更能激发学生的学习兴趣，培养他们的创新思维和实践能力。通过持续的知识更新，教师可以不断拓宽自己的视野，为教育事业注入源源不断的活力。

再次，主动探索与知识更新相辅相成，共同推动教师的专业成长。"不积跬步，无以至千里；不积小流，无以成江海。"教师在主动探索的过程中，会不断发现新的问题、新的挑战，进而激发自己更新知识的欲望和动力。同时，在知识更新的过程中，教师又会发现新的教学理念和方法，进而推动自己更深入地探索教学实践。这种良性的循环过程，有助于教师形成独特的教学风格和教育理念，提升自己的专业素养和教育创新能力。

最后，主动探索与知识更新也是教师职业道德的重要体现。作为教师，不仅要传授知识，更要培养学生的思维能力和创新精神。而要做到这一点，教师必须具备主动探索和知识更新的能力。只有这样，教师才能紧跟时代步伐，为学生提供最新、最有价值的知识和信息；同时，也能在探索和创新的过程中，不断提升自己的职业素养和教育水平，为学生的全面发展贡献自己的力量。

2. 反思性实践者：总结经验，优化教学

（1）教学实践的深度反思与提炼

在践行"三学三疑一提升"的教学模式中，教师的角色远超出知识传递者的范畴，他们更应是教学实践的深度探索者和反思者。每一堂课，不仅是对学生进行知识的传授，更是教师自我挑战与超越的舞台。因此，每次授课结束后，教师应沉静下来，对自己的教学实践进行深入、全面的反思。这种反思，绝非表面的回顾与总结，而是一种深刻的、批判性的内省。它需要教师以冷静、客观的态度，审视自己的每一个教学环节，剖析其中的得失，探寻背后的原因。如荀子所言："君子博学而日参省乎己，则知明而行无过矣。"教师正是通过这种日复一日的深度反思，从每一次的教学中汲取经验，提炼智慧，进而在教学之路上稳步前行。在这一过程中，教师需要谨记孔子的教诲："学而不思则罔，思而不学则殆。"单纯地教学而不进行深入的思考会使人迷茫，而仅仅停留在思考层面不去实践则会使人懈怠。因此，教师应将思考与教学实践紧密结合，互为补充，相互促进。这样，教师不仅能提升个人的教学技能，更能深化对教育内在规律的理解，从而为学生提供更加优质、高效的教学服务。此外，这种深度反思还是一种对教育事业的敬重与对学生成长的深切关怀。如朱熹所言："读书有三到，谓心到、眼到、口到。"教师在反思时，也需要全身心投入，用心去感受教学中的每一个细节，用眼去观察学生的反应与变化，用口去表达自己的见解与感悟。只有这样，教师才能真正做到对学生负责，对教育事业充满热情与敬意。

（2）灵活调整与精准施策的教学策略

在"三学三疑一提升"的教学模式中，教学策略的灵活调整与精准施策显得尤为重要。这不仅是教学的艺术，更是教师智慧的体现。正如《易经》所云："易有太极，是生两仪，两仪生四象，四象生八卦。"教学之道，亦在于阴阳相济，刚柔并用，灵活变通，以应对万变的教育情境。"三学三疑一提升"的教学模式，强调的不仅是知识的单向传授，更是对学生心灵深处的触动和启迪。作为反思性实践者，教师应深谙"因材施教"之道，根据学生的学习状态、兴趣点和困惑所在，灵活调整教学策略。孔子言："中人以上，可以语上也；中人以下，不可以语上也。"教师应根据学生的层次和需求，给予恰如其分的引导，让每个学生都能在适合自己的学习道路上稳步前行。在教学过程中，教师需要不断观察、揣摩学生的需求和反馈，正如《孙子兵法》所说："知己知彼者，百战不殆；不知彼而知己，一胜一负；不知彼，不知己，每战必殆。"教师只有深入了解学生的真实想法和学习状况，才能制定出更加贴合实际的教学策略。通过精准施策，教师可以更好地激发学生的学习潜能，引导他们在知识的海洋中自由遨游，探索未知的世界。灵活调整教学策略，不仅要求教师具备敏锐的观察力和判断力，更需要他们拥有丰富的教育经验和深厚的专业知识。这种教学策略的灵活性和精准性，是提升教学效果的重要保障，也是教师职业素养和教育智慧的集中展现。教师在灵活调整教学策略的过程中，正是在践行这一崇高的教育理念，他们不仅是知识的传递者，更是学生成长道路上的引路人。通过精准把握学生的需求和特点，教师能够为他们量身定制最适合的教学方法，从而帮助他们更好地成长和进步。这也是教育的真谛所在——让每个学生都能在自己的轨道上熠熠生辉。

（二）提升课堂管理能力、增强教学实践效果

1. 课堂管理能力

首先，良好的课堂管理能力对于激发学生的学习兴趣至关重要。教师可以通过设计生动有趣的教学活动、使用贴近学生生活的教学案例，以及运用多媒体教学资源等方式，来吸引学生的注意力，使他们对学习内容产生浓厚的兴趣。在"三学"环节中，教师需要引导学生自主学习，帮助他们发现问题、提出问题，这就要求教师必须能够运用各种教学手段来调动学生的积极性，使他们在学习过程中保持高度的热情和专注力。

其次，组织有效的课堂讨论也是教师课堂管理能力的重要体现。在"三疑"环节中，教师需要鼓励学生大胆质疑，通过小组讨论、角色扮演、辩论会等形式，促进学生之间的交流与合作，共同寻找问题的答案。在这一过程中，教师不仅要确保每个学生都有机会参与讨论，还要引导他们学会倾听他人的观点，学会批判性思维，从而在讨论中不断提升自己的思维能力和表达能力。

最后，引导学生进行深入思考是课堂管理能力的又一重要方面。在"一提升"环节中，教师需要帮助学生总结学习成果，引导他们将所学知识应用到实际生活中去，培养他们的实践能力和创新精神。这就要求教师必须具备引导学生深入思考的能力，通过提问、点拨、归纳等方式，帮助学生理清思路，拓展思维的广度和深度，使他们在学习过程中不断取得新的突破和提升。

2. 教学设计与实施

教学设计与实施环节占据核心地位，它考验着教师对于教学内容的把握以及对学生学习动态的洞察力。在"三学三疑一提升"的教学框架下，这一环节更显得尤为关键。

"三学"——自学、合学、研学，是教学活动的起点。在这一环节，教师需要精准把握学生的个性化学习需求和兴趣偏好，从而设计出能够触发学生自主学习欲望的教学活动。例如，通过前置作业、预习指导等方式，教师可以预先探知学生的学习盲点和兴趣所在，进而在课堂上有针对性地引导学生自主学习、合作探究。随着教学进程的推进，"三疑"——提疑、析疑、解疑，成为深化学生理解的关键步骤。在这一阶段，教师需要构思出富有启发性的问题，以此激发学生的探索精神和求知欲望。利用辩论、实验、情景模拟等多样化的教学方法，教师可以帮助学生打开思路，鼓励他们自主发现问题、分析问题，并尝试解决问题。这一过程中，教师的角色更多的是引导者和支持者，而非简单的知识传授者。最后的"一提升"是对学生知识和能力的综合拔高。在此阶段，教师需要策划具有创新性和实践性的教学活动，例如开展综合性项目、社会实践等，让学生在实际操作中巩固和拓展所学知识，实现知识的内化和能力的提升。

（三）培养教育研究能力、实现教学科研互促

1. 行动研究能力

首先，教师要有敏锐的问题意识。在"三学三疑一提升"教学模式的实施过程中，教师应保持高度警觉，时刻关注教学实践中的每一个细节。这要求教师要能够从与学生的互动、课堂氛围、学生作业完成情况等多个方面，捕捉到潜在的问题和挑战。例如，当学生在自学阶段表现出迷茫或无法有效获取信息时，这可能意味着自学指导材料需要进一步优化；当互学环节中小组讨论不够活跃或偏离主题时，可能说明互学机制有待改进。教师需要准确地识别出这些问题，并将其作为行动研究的出发点，深入挖掘背后的原因。

其次，要掌握科学的研究方法。行动研究强调的是在真实的教育环境中进行探究，因此它更加注重研究的实践性和实用性。为了实现这一目标，教师需要熟练运用多种研究方法，包括课堂观察、学生问卷调查、教师反思日志、教学实验等。通过这些方法，教师可以系统

地收集数据，对教学实践中的问题进行深入分析，从而找出问题的根源，并提出切实可行的解决方案。例如，通过课堂观察，教师可以了解学生在 "三疑" 阶段的真实表现，进而调整教学策略以更好地促进学生的批判性思维发展。

再次，要具备将研究成果转化为教学实践的能力。行动研究的最终落脚点在于改进教学实践，提升学生的学习效果。因此，教师需要具备将研究所得的策略和方法有效地融入 "三学三疑一提升" 教学模式的能力。这包括根据研究成果调整教学材料、重新设计教学活动、优化教学流程等。同时，教师还需要具备良好的沟通能力和团队合作精神，以便与同事、学生和家长共同推动教学实践的改进。

最后，要关注对教学模式的持续改进。在 "三学三疑一提升" 教学模式的长期实践中，教师需要保持持续改进的思维方式和行动力。这意味着教师要经常性地回顾和评估自己的教学实践，及时发现问题并制定相应的改进措施。同时，教师还应积极关注教育领域的最新动态和研究成果，不断将新的理念和方法引入自己的教学，以保持教学模式的时效性和创新性。通过这种持续的努力和改进，教师可以逐步优化和完善 "三学三疑一提升" 教学模式，从而更好地促进学生的全面发展。

2. 专业交流与合作

教师应当热情投身于教育研究和学术交流，这不仅是为了展示自己的教学成果，更重要的是，教育研究和学术交流为教师提供了一个宝贵的契机，能够从一个更加宏大的视角去审视和反思自己的教学实践。通过这样的交流平台，教师可以洞察到更多元的教学理念、前沿的教学方法，以及在执行 "三学三疑一提升" 教学模式时所面临的共性挑战与对应的解决之道。这样的交流经历，不仅拓展了教师的教学视野，更有可能点燃他们教学中的创新火花。

与此同时，教师间的协同合作也被看作提升教学效果的重要环节。在共同探讨 "三学三疑一提升" 教学模式的完善过程中，教师们可以集思广益，思考如何更有效地促进学生自主学习、合作学习以及引导式学习。他们还可以探讨在提疑、析疑和解疑的阶段，如何设计富有挑战性的教学活动，以及在"提升"阶段如何全面增强学生的知识和能力。这样的合作模式，不仅汇聚了教师们的集体智慧，还促进了教学经验的共享与传承。

此外，专业的交流与合作同样有助于教师吸收他人的教育智慧，规避教学中的弯路。通过观摩和学习其他教师的成功案例和教学策略，教师可以更快速地提升自己的教学实力，从而更好地促进学生的综合素养发展。这种交流与合作，不仅加速了教师个人的专业成长，也为整个教育团队注入了源源不断的创新活力。

（四）健全教师激励机制、勾画未来共同愿景

1.构建共同愿景与目标

学校通过精心构建这一愿景，不仅为教师们指明了一个明确且富有挑战性的教学方向，更为他们营造了一种积极向上、共同奋斗的教育氛围。在这种氛围的熏陶下，每位教师都深刻感受到作为教育工作者的神圣职责与历史使命，从而以更加饱满的热情和坚定的信念投身于"三学三疑一提升"教学模式的深入实践与探索中。

"三学三疑一提升"教学模式不仅与思想政治教育学科的核心目标紧密相连，更体现了新时代教育理念的创新与实践。它强调学生的自主学习、合作探究以及批判性思维的培养，这与思想政治教育所倡导的独立思考、勇于创新的精神不谋而合。因此，教师们在这一教学模式的实践中，不仅传授了知识，更点燃了学生探索真理的火花，引领他们走向更加广阔的思想天地。

同时，共同的教育目标犹如一盏明灯，照亮了教师们前行的道路，也汇聚了他们无穷的智慧和创造力。当教师们深刻认识到"三学三疑一提升"教学模式对于学生全面发展特别是能力培养和思维拓展的重要性时，他们便会在教学实践中不断探索和创新，努力挖掘这一教学模式的更多可能性。他们精心设计教学环节，引导学生发现问题、分析问题并解决问题，让学生在独立思考和合作交流中不断成长

和进步。

总之，在思想政治教育学的指导下，通过共同愿景的塑造和教育目标的引领，教师们将更加坚定地践行"三学三疑一提升"的教学模式，为学生的全面发展贡献自己的智慧和力量。这不仅彰显了教师们对教育事业的无限热爱和执着追求，也展现了思想政治教育学科在培养担当民族复兴大任的时代新人方面的独特魅力和深远影响。

2. 建立健全支持与激励机制

首先，学校需要提供丰富的教学资源，确保教师在实施"三学三疑一提升"教学模式时有足够的工具和材料。这包括但不限于现代化的教育技术设备，如多媒体投影仪、交互式白板等，它们能大幅提升课堂的互动性和信息的传递效率。此外，一个内容广泛、形式多样的教学素材库也是必不可少的。这个素材库可以包含历史资料、现实案例、统计数据等，帮助教师将抽象的政治理论与生动的实例结合，从而提升学生的学习兴趣和参与度。同时，一个便捷、高效的网络教学平台也是关键，它能让教师随时随地与学生交流、布置作业、分享资料，极大地延伸了教学的时间和空间。通过这些资源的整合和利用，教师能更加自如地设计并实施富有创意和实效性的教学活动，使"三学三疑一提升"的教学模式真正落到实处。

其次，学校应着重打造一个促进教师专业成长的发展平台。在这个平台上，定期的教学研讨会可以让教师们聚在一起，分享各自在"三学三疑一提升"教学模式中的心得体会和实践经验，从而取长补短、共同进步。同时，通过组织各种主题的工作坊，学校可以邀请业内专家为教师提供针对性的指导和培训，帮助他们解决在实际教学中遇到的问题。此外，一个内容丰富的在线学习资源库也是不可或缺的，它能为教师提供最新的教育理念、教学方法和成功案例，激励他们不断更新自己的知识体系和教学技能。通过这些举措，学校不仅能提升教师的专业素养，还能营造一个积极向上、互帮互助的教学氛围。

最后，为了充分肯定和鼓励教师在"三学三疑一提升"教学模式中的创新和努力，学校应建立一套完善的教学奖励机制。这种奖励既可以是物质上的，如提供奖金、先进的教学设备，或者是资助教师参加国内外的教学研讨会和进修课程，从而拓宽他们的视野和知识面；也可以是精神上的奖励，如颁发荣誉证书、在校内外进行公开表彰等，这不仅能提升教师的职业荣誉感和归属感，还能激励他们在未来的教学中继续保持创新和进取的精神。通过这种多元化的奖励机制，学校能有效地激发教师的教学热情，推动他们在"三学三疑一提升"教学模式中不断探索和实践。

三、完善网络教学平台

（一）丰富慕课教学平台

慕课，即大规模开放在线课程，作为现代教育技术革命的产物，已经以其独特的魅力和优势，在全球教育领域引起了广泛关注。在思政教育领域，慕课不仅代表着教学方法的革新，更是教育理念的升华。

首先要做的是"拓宽度"，即致力于增加课程内容的多样性。正如马克思所说："人的思维是否具有客观的真理性，这并不是一个理论的问题，而是一个实践的问题。"思想政治教育不是孤立的教条，而是一个与实践紧密结合、涉及多个层面的庞大复杂体系。在这一教育领域中，我们必须认识到，思政教育涵盖了对历史的深刻洞察、对文化的全面理解以及对正确价值观的塑造与引领。它不仅仅关乎个体的思想成长，更是对整个社会发展的深度思考和积极引领。在这一体系中，马克思主义基本理论、中国特色社会主义理论体系与社会主义核心价值观无疑构成了思政教育的核心。这些核心内容与马克思主义关于人的全面发展理论一脉相承，都着重强调了人的自由、全面发展是社会发展的最终目标。深入剖析这些理论，能够帮助学生建立起坚实的思想基础，明确自己的社会责任和人生目标。然而，"拓宽度"并不仅仅意味着对核心内容的深入挖掘，还包括将更多与思政教育紧密相关的议题融入慕课教学中，例如：可以探讨国家发展战略，引导学生理解国家的发展方向和政策选择；可以介绍全球治理观念，帮助学生建立起国际化的视野和思维方式；还可以深入剖析社会公平正义，激发学生的社会责任感和公民意识。此外，要铭记马克思的教导："哲学家们只是以不同的方式解释世界，问题在于改变世界。"因此，思政教育绝不能仅仅停留在传授理论知识的层面，更要注重培养学生的实践能力和社会责任感。通过慕课平台，教师可以引导学生深入思考社会问题，积极参与社会实践，将马克思主义理论转化为推动社会进步的强大动力。例如，教师可以组织学生参与社会调研、志愿服务等活动，让他们在实践中深化对思政理论的理解和应用。在拓展课程内容的多样性的过程中，教师必须始终坚持马克思主义的指导地位，确保教学内容的科学性和方向性；同时，也要不断创新教学方式方法，激发学生的学习兴趣和主动性。通过引入案例分析、小组讨论、角色扮演等多样化的教学手段，学生能够在轻松愉快的氛围中领略思想政治教育的博大精深。

其次，要致力于"挖深度"，即提升课程的专业水准和研究深度。这不仅要求课程系统、全面地传递知识，更关键的是培养学生对知识的深刻理解和应用能力。为实现这一目标，邀请领域内知名专家授课成为一项重要策略。专家的参与将远超出单纯传授知识的层面，他们实际上是在践行马克思主义关于理论与实践紧密结合的认识论。马克思主义深刻阐释了知识与实践的内在联系，强调知识并非孤立、静态的存在，而是需要通过实践的检验和磨砺才能被不断发展、深化。因此，在提升课程专业性和研究深度的过程中，教师必须坚持理论与实践相结合的原则，使学生在学习理论知识的同时，能够真切感受到这些知识在现实社会、专业领域中的实际应用和价值所在。邀请知名专家授课，正是为了更有效地实现这一目标。这些专家在各自领域内拥有深厚的学术背景和丰富的实践经验，他们的加入不仅为学生带来了学术前沿的新知识、新观点，更重要的是分享了他们将理论转化为实践的独特经验和深刻见解。通过与专家的深入互动和学习，学生们能够更全面地理解知识的多维度和复杂性，进而提升自身对知识的综合运用能力和创新思维。与此同时，课程还应着重引导学生进行深入的思考和探索。马克思主义认为，思考是人类认识世界、改造世界的重要方式。在课程设计中，应注重激发学生的问题意识，培养他们的批判性思维和独立思考能力。鼓励学生提出问题、参与讨论，可以引导他们勇于挑战现有知识边界，积极探索新的学术领域和实践空间。通过这种富有深度和广度的学习方式，学生们不仅能够系统地掌握专业知识，还能在实践中不断检验、丰富和发展这些知识，从而真正实现马克思主义所倡导的全面发展。此外，知名专家们严谨的治学态度和对真理的不懈追求，也将对学生产生深远的示范效应，有助于塑造他们严谨的学术态度和崇高的价值观，为未来的学术研究和职业发展奠定更为坚实的基础。

再次，为了"增温度"，必须着力加强师生互动，精心营造良好的学习氛围。在线学习虽然为学生提供了灵活自主的学习方式，但同时也带来了沟通上的挑战。屏幕的阻隔使人与人之间的直接交流减少，这常常让学生感受到难以言表的孤独感。

"独脚难行，孤掌难鸣。"学习不仅是个人的认知过程，更是社会性的交互活动。为了弥补在线学习的这一缺陷，教师应当巧妙设计在线讨论区、作业互评等丰富多彩的互动环节，以拉近师生间、学生间的距离，构建充满活力与热情的学习环境。"知之者不如好之者，好之者不如乐之者。"知识的传递不应仅仅停留在灌输的层面，更应激发学生对知识的渴望和对探索的热情。因此，教师要引导学生在互动中主动思考，让思考成为互动的催化剂。这样，学生不仅能获取知识，更能学会如何灵活地运用知识，实现理论与实践的完美结合。在这一过程中，教师的作用至关重要。"师也者，教之以事而喻诸德也。"教师不仅要传授专业知识，更要以高尚的师德感染学生，解答他们心中的困惑，指引他们走上正确的人生道路。通过定期的在线答疑和个性化的学习指导，教师可以更深入地了解学生的内心世界，为他们提供更为贴心、高效的支持。同时，还可以从马克思主义关于人的全面发展的理论中汲取智慧，努力促进学生在知识、技能、情感态度以及价值观等各方面的全面进步。多样化的互动教学形式，如小组合作、项目式学习等，可以有效地培养学生的团队协作精神、创新思维以及解决问题的能力。总之，"志合者，不以山海为远"。在在线学习流行的时代背景下，我们更应珍视师生之间的情感纽带，加强二者间心灵深处的交流与沟通。通过精心营造温馨、和谐的学习氛围，每一个学生都能深切感受到学习的快乐与成长的喜悦。这样不仅能激发学生的学习潜能，更能引领他们迈向更加辉煌的未来。

最后，还要 "提效度"，这不仅仅是提升教学效果的评估与反馈机制，更是一场深化教学改革、实现教育现代化的探索之旅。这场旅行追求的不仅是学生对知识的简单掌握，更是他们能力、素质和价值观的全面提升。慕课平台为我们提供了一个开放、多元的教育环境，而评估与反馈机制则是保障教育质量、引导学生发展的重要工具。借鉴马克思主义关于人的全面发展的理念，将评估的重点从单一的考试成绩转移到学生的综合素质上来。这包括学生的创新思维、批判性思考、团队协作能力等多个方面。通过多样化的评估方式，如项目报告、团队展示、在线讨论等，教师能够更全面地了解学生的学习情况，进而提供更个性化的教学支持。同时，反馈机制也不再是简单的分数或者评语，而成为学生与教师之间深度对话的桥梁，鼓励学生提出疑问、分享观点，与教师共同探讨学术问题和社会现象。这种平等的交流方式，有助于培养学生的独立思考能力和社会责任感。此外，还将评估与反馈机制融入教学的每一个环节。在课程设计阶段，通过学生调查、数据分析等方式，了解学生的学习需求和兴趣点，教师可以设计出更符合学生实际的教学内容。在教学过程中，实时跟踪学生的学习进度和反馈意见，及时调整教学策略，确保教学的有效性。总的来说，"提效度" 不仅是为了提升教学效果，更是为了培养全面发展、具备现代素质的学生。慕课平台的开放教育资源，结合评估与反馈机制的引导作用，正在努力探索一条符合现代教育理念、实现学生全面发展的教学之路。

总的来说，丰富慕课教学平台不仅是一个技术性的问题，更是一个教育理念和教育方法的问题。需要以开放的心态、创新的思维和严谨的态度，来共同推动慕课在思想政治教育中的深入应用和发展。这样才能充分利用这一现代教育技术，培养出更多具有高度政治觉悟和思想道德品质的优秀人才。

（二）用好超星学习平台

超星学习平台，这一综合性的学习工具，融合了学习资源、学习管理以及学习社区三大功能，可谓是当代教育技术领域的一大革新。在思想政治教育工作中，此平台的重要性不言而喻，正如古人云："工欲善其事，必先利其器。"拥有好的工具，才能更好地进行教学工作。

教师可以充分利用超星学习平台，整合多元化的教学资源，从厚重的经典著作电子书到生动的专家视频讲座，再到互动性强的在线测试，无一不为学生提供了前所未有的、全方位的学习体验。这种学习方式的多样性就如同"读万卷书，行万里路"。学生不仅可以从书本上获得知识，更可以通过视频、测试等多种形式，加深对知识的理解与运用。

值得一提的是，超星学习平台的个性化学习推荐系统，能够智能地根据每个学生的学习进度和兴趣，为其精准推送相关学习资源。这种"因材施教"的教学理念，恰如孔子所言："因材施教，各尽其才。"每个学生都是独一无二的，他们所需的学习资源和方式也各不相同，而超星学习平台正是基于这一点，为每位学生量身定制了专属的学习方案。

同时，教师通过超星学习平台，可以轻松地实时跟踪每位学生的学习动态，从而更准确地评估学生的学习效果，及时调整自己的教学策略。这正如兵法中所说的"知己知彼，百战不殆"。只有深入了解学生的学习状况，教师才能做到针对性教学，确保每位学生都能在最适合自己的学习路径上稳步前行。

总的来说，超星学习平台为思想政治教育工作提供了一个全新的视角和方法。它不仅能够整合丰富的教学资源，提供个性化的学习推荐，还能帮助教师更好地掌握学生的学习情况，从而更有效地进行教学。这无疑是教育技术领域的一大进步，也是思想政治教育工作的一大助力。

（三）拓展虚拟实践平台

"工欲善其事，必先利其器。"在思想政治教育领域，如何更有效地传递理念、培养情怀，一直是教育者探索的重点。而虚拟实践教学平台的兴起，正是这一探索过程中的新里程碑，它以独特的教学方式，为思想政治教育工作提供了新的路径。

虚拟实践教学平台如同一扇神奇的"时空之门"，为学生们开启了一个全新的学习世界。在这个世界里，历史的深度与现实的广度相互交融，形成了一幅绚丽多彩的画卷。通过这个平台，学生们得以跨越时空的界限，深入历史现场，亲身体验那些曾经只能在课本上见到的历史事件。以模拟红色革命根据地场景为例，它不仅仅是一项技术成果，更是一次心灵的触动和思想的觉醒。当学生们身临其境地置身于模拟场景中，他们仿佛能够穿越时空，亲耳聆听到革命先辈们的英勇呐喊，深切感受到他们为了理想与信仰而不懈奋斗的热血激情。这种沉浸式的历史体验，比文字叙述更加生动、真实和深刻。马克思主义理论认为："历史的全部是阶级斗争的历史，即社会发展的各个历史阶段上被剥削阶级和剥削阶级之间、被统治阶级和统治阶级之间斗争的历史。"通过虚拟实践教学平台的模拟体验，学生们能够更加直观地领略阶级斗争的激烈与残酷，深刻体会到革命先烈们为民族独立和人民解放事业所做出的巨大牺牲和无私奉献。这不仅仅是对历史的简单回顾，更是对革命精神的深刻领悟与传承。更为重要的是，虚拟实践教学平台为学生们提供了一个宝贵的实践和检验所学理论知识的机会。马克思主义始终强调理论与实践的紧密结合，而这样的虚拟实践教学恰恰体现了这一核心理念。在模拟场景中，学生们不仅能够深化对历史事件的理解，更能够在实践中锤炼自己的分析、判断和解决问题的能力，从而全面提升自己的综合素质。总之，虚拟实践教学平台犹如一座横跨历史与现实的宏伟桥梁，它不仅让学生们有机会亲身感受历史的厚重与沧桑，更为他们搭建了一个将理论知识与实践能力紧密结合的宝贵平台。这样的创新教学方式，无疑将为培养出既具备深厚历史底蕴又具备出色实践能力的新一代杰出青年奠定坚实基础。

此外，该平台不仅是一个提供教学资源的工具，它更像是一位全能的"智能导师"。它借助大数据分析和人工智能技术，深度洞察每个学生的学习状态和需求，从而为他们量身打造独一无二的学习路径。这恰恰体现了马克思主义中"实事求是"的原则，尊重每个学生的独特性，致力于找到最适合他们的教学方法。平台精准地记录着学生的学习轨迹，无论是观看视频的时长、完成作业的准确率，还是参与讨论的频率，都被一一捕捉并分析。这就像是一把钥匙，能够打开学生内心深处的学习之门，让教师更加清晰地了解他们的学习偏好、遇到的难点以及需要进一步提升的方面。更为重要的是，这位"智能导师"还能根据分析结果为每个学生提供个性化的学习建议。对于基础薄弱的学生，它会推荐更多的基础知识和练习题；对于学有余力的学生，它会引导他们挑战更高难度的学习内容和思考更深入的问题。这种"因材施教"的教学方式，正是对马克思主义"全面发展"理论的生动实践。

同时，平台还能协助教育者进行更精准的教学。通过对学生学习数据的分析，教育者可以及时调整教学内容和方法，使之更加符合学生的实际需求。这不仅提高了教学效率，更让思想政治教育从传统的"填鸭式"教学转变为"启发式"教学，更加注重培养学生的主动思考能力和创新精神。总的来说，该平台以科技为驱动，以马克思主义理论为指导，为思政教育注入了新的活力。它让教学更加智能化、个性化，更加贴近学生的实际需求，从而培养出更多具有独立思考能力、创新精神和高度政治觉悟的优秀人才。这不仅是对马克思主义教育理论的深刻实践，更是对未来教育模式的积极探索和创新。

"百闻不如一见，百见不如一干。"实践出真知，这句话凝练地揭示了学习的核心——实践的重要性。在思想政治教育中，虚拟实践教学平台宛如理论与实践之间的纽带，以其"身临其境"的教学方式，将学生引领进思想政治理论的生动画卷中。马克思主义始终强调实践的首要性，认为实践是知识的源泉，是推动认识发展的驱动力，也是检验认识准确性的唯一准则。虚拟实践教学平台的出现，正是这种哲学观点的现代应用。该平台通过高精度模拟真实环境和情境，使学生在实际操作中深刻领会思想政治理论的精髓。这种沉浸式的教学模式，不仅颠覆了传统课堂的局限性，更使学生在亲身体验中加深了对理论知识的理解，达到了知与行的和谐统一。同时，虚拟实践教学平台像是一股清新的溪流，为教学方法带来了新的气息。它极大地丰富了教学内容，提升了学生的学习热情和投入度。在这个虚拟的世界里，学生可以自由地探索未知，这种主动学习的方式更能激发他们的学习兴趣和创新思维。在与同伴和老师的互动中，学生的团队合作精神和沟通技巧也得到了显著提升，为他们日后的社会生活和职业发展打下了坚实的基础。此外，该平台还是马克思主义中人的全面发展观念的具体展现。它不仅聚焦于学生的知识储备，更致力于培养他们的综合能力和提升个人素质。在实践活动中，学生的思维能力、创新意识和解决问题的能力均得到了全面的提升，从而孕育出一大批政治觉悟高、思想道德品质优秀的青年才俊。总之，虚拟实践教学平台不仅践行了马克思主义的实践观，更为思想政治教育注入了新的活力。通过这一平台，学生们能够在实践中深化对思想政治理论的理解，提升个人能力和素质，为成为新时代的栋梁之材打下坚实的基础。

　　总的来说，虚拟实践教学平台在思想政治教育中的应用，是科技与教育的完美结合。它打破了传统的教学模式，为思想政治教育工作注入了新的活力和可能性。

四、创新学习评价机制

　　评价，不仅是学习的衡量标准，更是成长的催化剂和前行的灯塔。在日新月异的教育环境中，我们需要以创新的理念和前瞻的视野，重新构思并设计评价机制。这种评价机制应超越简单的分数和排名的桎梏，转而成为激发学生深层潜能、引导他们探索内心世界与外部世界的桥梁。构建多元化、动态且富有人文关怀的评价体系，不仅能更精准地发掘每个学生的独特才能和兴趣所在，更能点燃他们探索的激情，引领他们在无边的知识海洋中自由航行，实现真正的个性化成长。这样的评价机制，将成为学生全面发展不可或缺的指引，照亮他们的前行之路，助力他们成为引领未来的创新者和先驱者。

（一）学生自评与互评

在"三学三疑一提升"的教学模式中，学生的自评与互评不仅是评价环节的重要组成部分，更是促进学生自主学习、合作学习和探究学习的有效手段。通过自评与互评，学生能够更深入地了解自己的学习情况，发现自身存在的问题，并从同伴的评价中获得新的学习视角和方法。

在课程学习的过程中以及结束时，学生都应该主动地进行自评。这不仅仅是对自我学习成果的简单审视，更是一次全面而深刻的内省过程。自评的目的在于让学生对自己的学习态度、方法、进步与困难有清晰的认识，从而能够明确下一步的学习方向和目标。古人云："吾日三省吾身。"这正是对自评意义的深刻诠释。通过自评，学生可以发现自己在学习过程中的优点和不足，进而调整学习策略，提升学习效果。

与此同时，互评机制在"三学三疑一提升"教学模式中也具有不可替代的地位。互评是同学们之间互相学习、共同进步的重要途径。在互评环节，学生们会围绕彼此在学习过程中的表现进行客观而公正的评价。这不仅包括对学习成果的评价，更涉及学习态度、合作精神和创新能力的评价。互评的过程，实际上也是一次相互学习、取长补短的过程。学生们可以从同伴的评价中发现自己的盲点和不足，进而拓宽学习视野，提升学习能力。

自评与互评的结合，在"三学三疑一提升"教学模式中构建了立体而全面的评价体系。这种评价体系既关注学生的学习结果，又重视学生的学习过程，充分体现了新时代教育评价的理念和精神。自评让学生更加清晰地认识自己，互评则让学生之间实现优势互补、共同进步。通过这样的评价方式，学生的自主学习能力、合作学习能力和创新思维能力都将得到显著提升，从而实现 "三学三疑一提升" 教学模式的最终目标——促进学生的全面发展。

（二）建立和使用电子档案袋

在 "三学三疑一提升" 的教学模式中，建立和使用电子档案袋是一项创新且富有时代性的举措。这一做法不仅详细记录了学生的学习过程，为每位学生创建了一份个性化的学习档案，而且深度契合了自主学习、合作学习和探究学习的理念。

电子档案袋是现代信息技术与教育评价相结合的产物，它为学生提供了一个展示自己学习过程和成果的数字化平台。这个平台不仅收录了学生的学习成果，更重要的是详细记录了他们的学习步骤、思考过程和修改历程，从而完整地呈现了学生的学习轨迹。

通过电子档案袋，教师可以轻松地查阅学生的学习资料，深入了解他们的学习方法和问题解决过程。这种透明化的学习过程有助于教师更准确地评估学生的学习情况和进步，进而提供更具针对性的指导和帮助。同时，电子档案袋也为学生提供了一个反思和自我提升的工具。他们可以通过回顾自己的学习历程，发现自己的进步和不足，从而调整学习策略，提高学习效率。

古人云："温故而知新。"电子档案袋的建立和使用，正是这一思想的现代实践。它鼓励学生不断回顾和总结自己的学习经历，从过去的经验中汲取智慧，为未来的学习打下坚实的基础。同时，电子档案袋的个性化特点也充分尊重了每个学生的独特性，让每个学生都能在自己的学习档案中找到属于自己的成长印记。

在 "三学三疑一提升" 教学模式中，电子档案袋不仅是记录和评价的工具，更是促进学生自主学习、激励学生不断探索和创新的重要载体。通过这一载体，学生的学习将更加深入、全面和高效，从而提升学生的综合素养和创新能力。

（三）表现性评价

在"三学三疑一提升"的教学模式中，表现性评价以其独特的评价方式，成为评估学生实践能力、创新思维和问题解决能力的重要手段。它侧重于观察和分析学生在完成具有实际情境的学习任务时的具体表现，不仅关注学生的最终成果，更着眼于他们在任务过程中所展现的思路、尝试及修正。

表现性评价的设计理念与古人所言"授人以鱼，不如授人以渔"相通，即教育的目的不仅是传授知识，更重要的是培养学生的思维方式和解决问题的能力。因此，在这种评价方式中，教师精心设计学习任务，模拟真实世界的情境，让学生在解决问题的过程中展现他们的知识、技能和态度。

评价过程中，教师不仅关注学生的答案是否正确，更注重观察学生的思考过程、解决问题的策略以及面对困难的应对方式。这种评价方式有助于教师深入了解每个学生的思维方式、实践操作能力和创新能力，从而为他们提供更个性化的教学指导。

通过观察和分析学生在任务执行过程中的表现，教师可以全面评估学生的综合素质，包括他们的知识掌握情况、逻辑思维能力、团队协作能力、沟通技巧以及创新思维等。这种全面的评价方式有助于发现学生的潜能和特长，为他们的未来发展提供有力的支持。

表现性评价不仅符合现代教育理念，也体现了"三学三疑一提升"教学模式的精髓。它鼓励学生在真实情境中探索、实践和创新，培养他们的实践能力和创新精神。同时，这种评价方式也为教师提供了更丰富、更真实的教学反馈，有助于教师不断优化教学方法，提升教学质量。

（四）利用信息化工具进行评价

在"三学三疑一提升"的教学模式中，信息化工具的应用为学习评价带来了革命性的变革。随着信息技术的迅猛发展，学校积极拥抱这一时代潮流，充分利用各种信息化工具来跟踪和详细记录学生的学习过程。这些工具以其高效、精确的特点，为教师提供了前所未有的便利，使他们能够实时掌握学生的学习动态。

信息化工具能够收集并分析大量的学习数据，如学习时长、资源访问频次、线上互动次数等，从而为教师描绘出一幅细致入微的学生学习画卷。通过这些数据，教师不仅可以了解学生的学习进度和成效，还能洞察学生的学习习惯、偏好以及可能存在的问题。正如古人所言："工欲善其事，必先利其器。"信息化工具正是教师在评价学生学习过程中的一把利器。

利用这些数据，教师可以进行更全面、更客观的评价。传统评价方式往往依赖于单一的考试成绩或教师的主观印象，而信息化工具提供的数据则大大增加了评价的维度和客观性。例如，通过分析学生的学习时长和互动次数，教师可以评价学生在学习过程中的投入程度；通过查看学生访问不同学习资源的频次，教师可以了解学生的学习兴趣和偏好。

此外，信息化工具还具有实时反馈的特点，使教师能够及时调整教学策略，以满足不同学生的学习需求。这种动态、个性化的教学方式正是"三学三疑一提升"教学模式所倡导的。

总的来说，利用信息化工具进行评价是教育评价领域的一大创新。它不仅提高了评价的准确性和客观性，还为个性化教学提供了有力支持。这种评价方式充分体现了"三学三疑一提升"教学模式的核心理念，即以学生为中心，关注学生的全面发展，致力于提升他们的综合素养和创新能力。

（五）作品展示评价

在"三学三疑一提升"的教学模式中，作品展示评价环节显得尤为关键，它融合了创新性、实践性和交流性，构成了多维度的评价体系。这一环节不仅严格审视学生的作品质量，而且着重考察学生在创作过程中所闪现的创新思维和解决问题的能力。这与"三学三疑一提升"所倡导的自主学习、敢于质疑、持续进步的教育精神高度契合。

作品，作为学生知识与技能的结晶，其品质无疑是评价的重要指标。但更值得关注的是，作品背后所蕴含的学生的创作旅程。鼓励学生分享创作灵感、构思过程以及在制作中所遇到的挑战和应对策略，使评价的关注点不仅局限于作品的表面成果，还能够深入洞察学生的思维深度和情感投入。

学生在创作过程中，动手实践与动脑思考并行，不断探索与尝试。作品展示评价正是对他们这种全方位能力的综合考量。它不仅检验学生在面对问题时如何思考、如何解决，还检验他们如何将理论知识转化为实践操作的能力。

此外，作品展示评价更为学生搭建了一个展示自我、相互学习的宝贵平台。每一位学生都有机会在众人面前展现自己的作品，分享创作过程中的心得与体会。这不仅有助于提升学生的自信心和口头表达能力，更促进了学生之间的相互启发和共同进步。正如古人所言："独学而无友，则孤陋而寡闻。"在这样的交流与学习中，学生们能够互相借鉴、互相激励，从而达到更高的学术境界。

总之，作品展示评价不仅关注学生的作品质量，更注重学生的创新思维和解决问题的能力。这种评价方式成功激发了学生的创新意识和实践能力，使他们的艺术素养和审美能力得到了显著提升。而这一切，都充分体现了"三学三疑一提升"教学模式的核心理念，为学生的全面发展和未来成长奠定了坚实的基础。

（六）建立激励机制

激励机制不仅是一种外在的驱动力，更是一种对内在精神的唤醒。学校制定多元化的奖励方式，不仅着眼于学生最终的学习成果，更重视学生在学习过程中所展现出的探索精神、合作态度和解决问题的能力。

从心理学的角度来看，"动机是决定学习成效的关键"。因此，在

"三学三疑一提升"的教学模式中，强调激励机制要触及学生的内心，激发他们的好奇心和探索欲。通过肯定和奖励学生在学习过程中的积极尝试和创新思维，教师应鼓励他们勇于面对挑战，不断超越自我。

此外，激励机制还注重培养学生的团队合作精神。在小组合作和集体探究的过程中，那些愿意分享知识、协助同伴的学生也会受到表彰。这种激励方式有助于营造一种积极向上的学习氛围，让学生在相互帮助、共同进步中体验到学习的快乐。

正如古人所言："志不强者智不达。"激励机制的建立，也是为了培养学生的坚强意志和远大志向。教师可以通过设定明确的目标，提供适时的奖励，引导学生将注意力集中在学习过程上，而不仅仅是结果。这样，他们更能在挫折面前保持坚韧不拔，将学习看作一场持久的马拉松，而非短暂的冲刺。

总之，建立激励机制在"三学三疑一提升"教学模式中扮演着举足轻重的角色。它不仅关乎学生的学习成绩，更影响着他们的学习态度、合作精神和意志力。通过这种全面而细致的激励方式，我们期望能培养出既拥有扎实知识，又具备良好学习品质和团队合作精神的学生。

五、改革教学考核办法

在当前教育改革的背景下，传统教学考核办法的局限性愈发凸显。为了更全面地评价学生的学习成效，促进学生的全面发展，必须对教学考核办法进行深刻的改革。新的考核办法应更加注重过程评价，关注学生的个体差异和多元智能，以及他们在学习过程中的表现、进步和创新精神。改革教学考核办法旨在建立起更加科学、公正、有效的评价体系，从而激发学生的学习潜能，提升教学质量，培养更多适应社会发展需求的高素质人才。

首先，增加形成性评价的比重是现代教学考核改革的关键一步。形成性评价，顾名思义，是在学习过程中进行的评价，其目的在于及时发现学生的学习问题并提供反馈，从而引导学生进行有效的学习调整。这种评价方式与传统的终结性评价形成鲜明对比，后者通常是在学习周期结束时进行，如期末考试，无法及时反映学生在学习过程中的问题和进步。通过增加形成性评价的比重，教师和学生可以更加频繁地接触并了解彼此。教师可以在每个学习阶段结束后进行小测试、课堂讨论或作业检查，以此来评估学生对该阶段知识点的掌握情况。这种定期的评估不仅能让教师及时了解学生的学习进度和存在的问题，还能为学生提供一个自我检查的机会。对于学生而言，形成性评价的最大好处在于其即时性。通过定期的评估，学生可以及时了解自己在哪些方面存在不足，是知识理解有误，还是学习方法不当。这样的反馈机制可以让学生对自己的学习状况有一个清晰的认识，从而及时调整学习策略，避免走入误区。此外，形成性评价还有助于培养学生的自主学习能力和自我调节能力。在得知自己的学习问题后，学生需要主动寻找解决问题的方法，这既锻炼了他们的问题解决能力，也提升了他们的学习自主性。同时，学生还需要根据反馈调整自己的学习计划和心态，这对于培养他们的自我调节能力也是非常有益的。更重要的是，增加形成性评价的比重可以有效避免"临时抱佛脚"的现象。在传统的以期末考试为主的考核方式下，很多学生往往会在考试前一周甚至前一天才开始复习，试图通过短期的突击来应对考试。这种学习方式不仅效率低下，而且对学生的身心健康也有很大的损害。而形成性评价则要求学生在整个学习过程中都保持高度的专注和努力，因为每个阶段的评估都会对他们的最终成绩产生影响。这样一来，学生就没有机会也没有动力去"临时抱佛脚"了。总之，增加形成性评价的比重对于提升教学质量、促进学生全面发展具有非常重要的意义。它不仅可以帮助教师及时了解学生的学习状况和问题，还可以引导学生有效地调整学习策略，培养他们的自主学习能力和自我调节能力，从而真正实现以学生为中心的教学理念。

其次，引入多元化的考核方式不仅是对传统教学评价模式的一次深刻变革，更是对学生全面发展的一次有力推动。这种考核方式的多元化，体现在评价形式、评价内容以及评价标准等多个方面，旨在构建更加全面、科学、有效的评价体系。从评价形式上来看，多元化的考核方式打破了传统笔试 "一刀切" 的评价模式，引入了口试、实践操作、作品展示等多种形式。口试能够检验学生的口头表达能力、逻辑思维和即时反应能力，使学生在面对面的交流中展示自己的知识和见解。实践操作则更加注重学生的实际操作技能和动手能力，通过观察学生在实验、操作等过程中的表现，教师可以更准确地评估他们的技能水平和实践经验。而作品展示则为学生提供了一个展示自己创造力和艺术才华的平台，使他们能够通过创作来表达自己的思想和情感。从评价内容上来看，多元化的考核方式注重对学生知识、技能、态度等多方面的综合评价。它不仅关注学生的知识储备和应试能力，更重视学生的思维能力、创新能力、解决问题的能力以及团队合作精神等。这样的评价方式能够更全面地反映学生的综合素质，避免单一评价方式可能带来的片面性。从评价标准上来看，多元化的考核方式强调个性化、差异化的评价。每个学生都有自己独特的优势和潜能，因此，评价标准应该因人而异，充分考虑学生的个体差异和多元智能。这样的评价方式不仅能够更准确地评估每个学生的实际情况，还能够激发学生的学习兴趣和积极性，使他们在评价过程中感受到被尊重和认可。多元化的考核方式的意义不仅在于提供更全面的评价，更在于其对教育教学的深远影响。一方面，它促使教师不断更新教育观念，提高教学水平，以更好地适应新的评价方式；另一方面，它也有助于培养学生的自主学习能力、创新精神和批判性思维，为他们的未来发展奠定坚实的基础。具体来说，多元化的考核方式能够激发学生的学习兴趣和动力。当学生意识到自己的学习成果将在多个方面得到展示和评价时，他们会更加积极地投入到学习中，努力提升自己的各项能力。同时，这种考核方式也有助于培养学生的自信心和责任感，使他们在评价过程中学会自我反思和自我提升。此外，多元化的考核方式还能够促进学生的个性化发展。每个学生都有自己的兴趣和特长，而多元化的考核方式正是为了发现和培养这些特长而设计的。通过不同的考核方式，学生可以更好地展示自己的个性和才华，从而实现个性化的发展目标。总之,引入多元化的考核方式是教育教学改革的重要一环,它不仅能够提供更全面、科学的评价,还能够激发学生的学习兴趣和创造力,促进他们的全面发展。未来的教育教学应该积极探索和实践多元化的考核方式,为学生的成长和发展创造更加有利的环境。

最后,教学考核改革与教师的专业发展之间存在着密不可分的关系。教师作为教育工作的核心,他们的专业素养和评价能力对于确保教学考核改革的成功实施具有至关重要的作用。教师需要不断更新教育观念。教育观念是教师进行教学活动的指导思想,它直接影响着教师的教学行为和教学效果。随着教育的不断进步和创新,传统的教学观念可能已经无法完全适应现代学生的需求。因此,教师需要时刻保持敏锐的洞察力,关注教育领域的新动态,了解并掌握新的教学理念和方法。通过更新教育观念,教师可以更好地引导学生进行学习,激发他们的学习兴趣和积极性,从而促进学生的全面发展。同时,教师需要提高评价能力,以便更准确地评估学生的学习成果。评价是教学过程中的重要环节,它不仅可以检验学生的学习效果,还可以为教师提供反馈,帮助他们调整教学策略。然而,传统的评价方式往往过于注重分数和排名,忽视了对学生综合能力、创新思维和实践能力的考察。因此,教师需要提高自身的评价能力,掌握多元化的评价方法,以便能够更全面、客观地评估学生的学习成果。这包括设计具有针对性的评价任务,制定合理的评价标准,以及运用科学的统计和分析方法来处理评价数据。此外,学校也应为教师提供必要的培训和支持。教师是教学考核改革的关键执行者,他们的专业素养和评价能力直接影响着改革的成效。因此,学校需要加强对教师的培训,帮助他们掌握新的考核理念和方法,提高他们的专业素养和评价能力。这可以通过组织专题培训、邀请专家进行讲座、开展教学研讨活动等方式来实现。此外,学校还可以为教师提供必要的教学资源和支持,如教学软件、教学资料等,以确保教师能够顺利实施新的考核办法。除了培训和支持外,学校还应建立有效的反馈机制,及时收集教师的意见和建议。在教学过程中，教师可能会遇到各种问题和挑战，学校应该为教师提供一个畅通的反馈渠道，让他们能够及时反映问题并提出改进意见。这样不仅可以帮助教师解决实际问题，还可以促进学校与教师之间的沟通和合作，共同推动教学考核改革的深入进行。

　　总之，改革教学考核办法对于提升教学质量、促进学生全面发展具有深远的意义。它不仅关乎学生的学习成果评价，更涉及教育理念的更新和教育方式的创新。因此，我们需要以开放的心态，不断探索和实践新的考核办法。在这个过程中，逐步完善考核体系是关键。教师应该根据学生的实际情况和教育目标，不断调整和优化考核方式，确保考核方式既能真实反映学生的学习水平，又能激发他们的学习兴趣和动力；同时，还要关注考核的公平性、客观性和有效性，确保每一个学生都能在公正的评价环境中展现自己的才华；此外，还应为学生的成长和发展创造更加有利的环境，包括提供丰富多样的学习资源，建设积极向上的学习氛围，以及搭建展示和交流的平台等。这些措施可以帮助学生拓宽视野，增强自信，培养他们的创新思维和实践能力。值得一提的是，改革教学考核办法的过程并非一蹴而就，而是需要教育者、学者、学生和社会各方共同努力，持续推动和完善。我们应该保持对教育改革的热情和执着，不断探索和实践，为学生的全面发展贡献自己的力量。只有这样，才能真正实现教育的目标，培养出既具备扎实知识，又拥有创新精神和实践能力的优秀人才。

第七章 "三学三疑一提升"教学模式的实践应用

一、《马克思主义基本原理》之辩证唯物主义认识论

习近平总书记强调,辩证唯物主义是中国共产党人的世界观和方法论。辩证唯物主义认识论是学习和运用辩证唯物主义世界观和方法论要着重解决的问题,是马克思主义的精华部分,在马克思主义基本原理中既联系唯物论和辩证法,又承接政治经济学和科学社会主义。因此,辩证唯物主义认识论在本门课程中承上启下,是培养学生运用马克思主义基本原理解决问题的关键环节。

本章教学计划 6 学时。知识结构如图 7-1 所示。

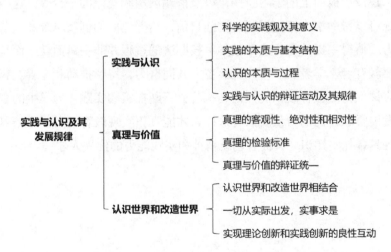

图 7-1 辩证唯物主义认识化知识结构图

（一）学情分析

1.学生知识经验分析

对辩证唯物主义认识论"认知不到位"。通过导论和第一章的学

习，学生已经了解并能够运用辩证唯物主义，掌握了"世界是什么"和"世界怎么样"，但是对如何认识世界和改造世界认知不到位，对改造客观世界和改造主观世界理解模糊。

2.学生学习状态分析

通过前三周的学习，学生学习积极性有所提高，但部分学生仍处于被动学习的状态，上课尽管到教室，但课堂参与讨论积极性不高，发散性思维和创新性思维有所缺失，需要继续开展自主合作探究的混合式教学活动。

3.学生学习能力分析

通过前面第一章和第二章的学习，运用"三学三疑一提升"混合式教学模式，大部分学生已养成如下良好的学习习惯。

线上：自学预习遇疑、阅读教材、观看慕课视频、在线提出困惑、在线讨论、在线测验，完成线上学习任务。

课堂：合学辩论析疑、研学互动解疑、围绕线上疑难点进行思考、讨论、小组辩论、学生互动、师生互动，完成线下学习任务。

线上线下混合：提升价值引领、完成基本原理与实践活动相结合的作业、勾画专题思维导图、寻找能够用所学原理阐释的时事案例，完成线上线下混合任务。

（二）学习目标

1.知识目标

（1）熟练运用马克思主义的实践观、认识论的观点。

（2）正确掌握实践与认识、真理与价值的本质。

（3）正确理解必然王国走向自由王国的过程。

2.能力目标

（1）培养学生运用唯物辩证法认识世界和改造世界的素养和本领。

（2）培养学生运用辩证唯物主义认识论解决实际问题的能力。

（3）让创新思维能力成为青年大学生的必备核心素养。

3. 价值目标

（1）培养学生团队合作意识和沟通能力。

（2）培育学生树立实践第一的观点。

（3）培养学生求真务实、探索创新的科学精神。

（4）引导学生积极投身社会主义现代化强国建设。

（三）教学内容

辩证唯物主义认识论是马克思主义基本原理的重要组成部分，人的认识问题也是学生在日常生活中经常遇到并深感疑惑的问题。线上以基本知识为主，课堂重教学重点难点，实践强调知信行合一，通过学生遇疑提疑、互动研讨、小组辩论、教师解疑等将线上线下教学内容有机衔接，实现同频共振深度融合，见表 7-1。

表 7-1　教学内容及重难点

线上教学内容	线下教学内容	线上线下衔接内容	教学重点难点
实践的本质	科学的实践观	研讨：通过案例分析人类对真空的探索，"知就是行"是正确的吗？	重点：实践与认识，真理与价值的相互关系。使学生正确理解我们的认识从哪里来
认识的本质	实践对认识的决定作用	研讨：在数学领域 2+5=7 是颠扑不破的，在艺术领域 2+5=10000 是可能的吗？	
真理的客观性、绝对性和相对性	认识过程论	研讨："跟着感觉走"有什么不好，如何实现真理和价值的辩证统一？	难点：必然王国走向自由王国的过程。使学生深刻理解认识世界、改造世界的过程是一个真善美相统一的过程
真理的检验标准	理论创新与实践创新	辩论：书本知识重要 VS 社会实践重要，深化真理的检验标准	
价值的含义	马克思主义自由观	辩论：科学技术是福 VS 科学技术是祸，引导学生认识必然和自由的辩证关系	

学生通过在线、课堂和实践，明确实践观是马克思主义认识论的首要基本观点，解决贯穿学生学习、生活和将来工作各环节的困惑，如，认识是如何产生和发展的，我们为什么要"求真知"，人类如何从必然王国走向自由王国等等。引导学生理性地思考认识的本质问题，做到真理尺度与价值尺度的辩证统一，科学地认识世界和改造世界。

（四）教学资源的选取

1. 线上教学资源

（1）"中国大学 MOOC" 资源

依托中国大学 MOOC 武汉大学《马克思主义基本原理》国家精品课建立本校异步 SPOC 课程。线上资源慕课有线上视频、测验和讨论，也有自建辩论主题、研讨案例。在线查找资料、案例等，为课堂展示辩论做好准备。

线上讨论题：2+5=7 吗？谈谈你对这一问题的理解。培养学生创新思维。

研讨主题："知就是行"是正确的吗？"跟着感觉走"有什么不好？真理与谬误可以相互转化吗？

辩论主题：科学技术是福 VS 科学技术是祸；书本知识重要 VS 社会实践重要

通过线上学习，加深学生对实践与认识、真理与价值等基础知识的理解，使学生深刻理解人类生存的实践活动就是寻求真善美统一的自由境界，为社会利益奉献人生。

（2）"超星学习通" 资源

运用学习通 17 个关于辩证唯物主义认识论的视频案例与解析，扩大学习半径，解决学生自学中关于马克思主义实践观和认识论的疑问，深刻掌握辩证唯物主义认识论是建立在实践基础上的能动的反映论，人的实践活动总是受真理尺度和价值尺度的制约，使学生深刻认识到实践只有在合理与正确的轨道上才能延展与深化，才能获取更大的自由。

（3）"学习强国"

以实践与认识为主题，推荐学生使用"学习强国"的最新资源，有时代案例、有学术文章、有时事视频，使学生将辩证唯物主义认识论及时与社会现实联系起来，做到学用结合。

2.图书资源

向学生推荐教材、教辅用书、经典著作导读，注重教材内容的经典性、生动性。读经典有利于学生从源头上完整准确地理解辩证唯物主义认识论，做到知其然、知其所以然、知其所以必然。

（1）本书编写组：《马克思主义基本原理》，高等教育出版社，2023.02。

（2）黑格尔：《小逻辑》，商务印书馆，2019.08：410—420。

（3）马克思：《1844年经济学哲学手稿》，人民出版，2018：135—138。

（4）毛泽东：《实践论》，《毛泽东选集》第一卷，人民出版社，2020：291、296—297。

（5）习近平：《辩证唯物主义是中国共产党人的世界观和方法论》，《求是》，2019.01。

3.实践资源

根据马克思主义基本原理的基本理论，充分挖掘学校所在城市的爱国主义教育基地资源，探索其中蕴含的育人要素，建立实践研学合作，开展内容丰富的实践活动。目前共有40个实践研学基地，本课次的学习参观学习周邓纪念馆，使学生将所学理论与实践相结合，做到知信行统一，奉献社会。

4.进阶资源

进阶资源作为选择性学习资源，能满足不同专业、不同学习程度的学生兴趣，使其根据需要选择性地学习。学生中的团员、入党积极分子、中共党员应该更深入学习马克思主义经典文献，提高理论素养。进阶资源有经典论述资源、延伸阅读源、案例资源、影视资料等，通过二维码链接呈现给学生。

（1）经典论述资源和延伸阅读资源

经典论述资源和延伸阅读资源见表7-2。

表7-2　经典论述与延伸阅读内容

经典论述	恩格斯：《反杜林论》	恩格斯批判了杜林在真理问题上的谬论并阐述真理问题上的辩证法思想。使学生正确理解思维的至上性和非至上性
	列宁：《谈谈辩证法问题》	列宁提出辩证法就是马克思主义的认识论，重点是解释人类认识的发展性和全面性。使学生理解认识的辩证法即人类认识在实践基础上的永恒发展过程
	列宁：《唯物主义和经验批判主义》	列宁指出辩证唯物主义者承认客观真理，并在一定意义上承认绝对真理。引导学生深刻领悟真理的绝对性与相对性辩证统一的意义
延伸阅读	皮亚杰：《发生认识论原理》	认识活动既是感知的源泉，又是思维发展的基础，认识的建构是通过主客体的相互作用完成的。使学生正确认识马克思主义反映论、建构论与创新思维之间的关系
	汪成为：《人类认识世界的帮手——虚拟现实》	虚拟世界为人们认识世界、改造世界的实践活动拓宽了视野。它不同于现实世界，是对现实世界的一种间接再现，二者最终统一于世界的物质性。引导学生正确认识虚拟世界带来的挑战和对社会发展的功效
	袁贵仁：《价值学引论》	对价值的本质和社会作用进行哲学、社会学的思考，引导学生正确认识功利和人的价值
	欧阳康：《社会认识论导论》	把认识论和社会历史观结合起来，多学科交叉分析社会认识活动的特点、系统结构、加速度进程等，探索人类社会自我认识之谜

（2）拓展案例资源

案例一：大国重器 所向披靡——加深理解实践是认识发展的动力，使学生认识到人类的认识不断丰富，不断发现自然的客观规律。

案例二：敲酒桶与叩诊法——更好地理解实践在认识中的决定作用，使学生深刻认同实践是检验真理的唯一标准。

案例三：污染威胁北部湾——加深对价值、价值评价的学习，深刻认识价值对于群体、社会和人类的意义，引领学生树立正确的价值观。

案例四：塞罕坝：从茫茫荒原到葱葱林海——深化理解实践活动在真理尺度和价值尺度共同制约下进行的观点。

（3）拓展影视资料

纪录片一：《百年求索》系列微纪录片《真理标准大讨论》，中央电视台出品。

纪录片二：《钱学森艰难归国路》，中央电视台出品。

（五）教学资源的制作和使用

本课次采用线上线下混合式教学，根据所教专业学生学情制作使用教学资源。

1.线上教学资源的制作和使用

课前制作线上学习任务单，帮助学生完成课前自主学习。在线学习视频（7个）、在线讨论（1—3个）、课前测验（10道）、PPT（1套）、电子教材（1份）、基础知识问题（8个）、提出学习困惑（根据学习情况）。

"超星学习通"的17个视频案例与解析有助于学生进一步理解辩证唯物主义认识论。线上查阅慕课平台的拓展资源和二维码进阶资源，深入学习。布置线上讨论主题，学生在线讨论，教师实时指导。布置研讨主题和辩论主题，在线查找资料、案例、视频等任务，为课堂展示交流和辩论做好准备。

2.线上线下教学资源的制作和使用

线上课前检测5分钟，通过"雨课堂"推送到学生手机端，5分钟后自动收卷并批改。教师根据后台的数据及时分析，重点讲解错误率较高的知识点。

　　课堂上学生借助图书资源、案例资源等深入研讨"'知就是行'是正确的吗？""'跟着感觉走'有什么不好？""科学技术是福还是祸？"等主题。之后，小组代表分享讨论结果，辩论小组现场辩论。学生自评与互评，教师点评，具体细则见表7-3。同时，教师通过视频案例"屠呦呦及其'抗疟神药'"解疑。

表7-3　辩证唯物主义认识论自评互评表

评定范围		评价内容	评价标准			
线上	学生自评	7个视频学习完成度	□完成100%	□完成50%	□完成30%	□未完成
		7个主题讨论参与和回复数	□4—5个	□2—3个	□1个	□0个
		10道选择题正确率	□90%—100%	□80%—89%	□60%—79%	□60%以下
		基础知识理解度	□完全	□大部分	□小部分	□不理解
课堂	课堂自评	前测正确率	□90%—100%	□80%—89%	□60%—79%	□60%以下
		研讨参与度	□非常积极	□积极	□一般	□不积极
		提疑个数	□3	□2	□1	□0
	学生互评教师点评	展示情况	□优秀	□良好	□中等	□一般
	课堂自评	辩论情况	□论证非常好	□论证好	□论证一般	□论证不好
	学生自评	获得感	□非常强	□强	□一般	□不强

续表

评定范围		评价内容	评价标准			
实践	学生自评	"寻宝"打卡点	□非常准确	□准确	□一般	□不准确
	学生互评	感悟用心度	□非常用心	□用心	□一般	□不用心
		微视频贡献度	□非常大	□大	□一般	□不大
	教师点评	实践报告深度	□非常深	□深	□一般	□不深
		学以致用程度	□非常好	□好	□一般	□不好

3. 实践资源的制作和使用

学生提前查找周邓纪念馆中与辩证唯物主义认识论相关的历史事件，运用实践观、认识论、真理观等基本原理分析历史事件和历史人物，充分发掘周邓纪念馆在本课次教学中的作用，与中国革命和建设相结合，进一步掌握真理与价值的辩证统一。

4. 线上线下资源互通有无

上传线下课堂教学实录至"中国大学 MOOC"平台。解决线下教学的不可重复问题，使线上线下混合式教学效果无限拓展。

（六）混合式教学模式设计

学生是学习的主体，主体自觉才能入脑入心。本课次运用"三学三疑一提升"混合式教学模式。"三学"是"自学、合学、研学"，"三疑"是"提疑、析疑、解疑"，"一提升"是"价值引领提升"，激发学生形成思想自觉、政治自觉、道德自觉，有效实现学生主体知、情、意、行的统一。

"三学三疑一提升"教学模式中，课前检测评估在线学习效果，及时解决线上自学预习遇疑，着重了解我们的认识从哪里来，如何才能获得对事物本真的认识；课堂灵活运用"中国大学 MOOC""超星学习通""雨课堂"等多媒体教学工具，学生合学辩论析疑、研学互动解疑，深入理解马克思主义认识论比传统哲学认识论的高明之处。实践充分挖掘实践教育基地的马克思主义基本原理元素，实现知信行统一。同时，将上课实录上传至慕课平台，实现线下课堂教学的无限延伸；价值引领贯穿始终，强化学生高阶思维培养，引导学生辩证看待认识世界和改造世界的过程是一个真善美相统一的过程。

（七）混合式教学策略和方法

混合式教学过程中，充分利用"中国大学 MOOC"武汉大学马克思主义基本原理资源，结合本校实际，建设 SPOC 资源，开展多元化教学活动。教学过程中分层设计辩证唯物主义认识论内容：基础部分、进阶部分。教学采用以下策略和方法。

1. 理论与实践相结合的教学法

线上学习基础知识，课堂讲授重难点理论，实践研学实现学以致用。学生通过学习与参观深入理解实践与认识的辩证运动及其规律，做到知信行相统一。教学中运用中国空间站神舟十六号载人飞行任务等实际案例，引导学生围绕问题和案例展开思考，实践研学带领学生参观周邓纪念馆，使学生在参观研学中体会辩证唯物主义认识论的魅力。

2. 问题导向和目标导向教学法

混合式教学模式中的"三疑""三学"坚持了问题导向和目标导向。本课次以"'知就是行'正确吗？""感觉可靠还是思想可靠？"等问题导引教学，紧扣教学目标，提高学生解决问题的思维能力，着眼辩证唯物主义认识论的教学实效性。

3. 课堂讲授与合作探究教学法

混合式教学过程中，教师对学习难点"必然王国走向自由王国的过程"层层深入、答疑解惑，提高课堂讲授的针对性；对学习重点和学生关注点，通过启发式提问、小组研讨、小组辩论、小组展示等环节，打通教材和学生之间的对接点；以理论的逻辑力量和合作探究的积极性唤醒学生，深化学生对辩证唯物主义认识论的理解和运用。

（八）混合式教学实施方案

本课次共6学时。线上2学时，课堂2学时，实践2学时。线上资源依托"中国大学MOOC"平台第二章《实践与认识及其发展规律》，"超星学习通"的视频案例，"学习强国"的时事案例等；线下资源以教材为主，教辅资料、进阶资源为辅。线上2学时，其中1学时在线学习慕课视频，1学时线上查找资料、线上研讨；课堂2学时，包括教师讲授和小组合作探究等教学活动。实践2学时，包括学时寻宝打卡、撰写感悟、拍摄视频和撰写调研报告。具体实施过程见表7-4。

表7-4 教学实施方案

教学步骤	授课内容及过程	教学方法和意图
线上学习 90分钟	1. 慕课堂发布线上学习任务，引导学生自学预习遇疑：学习视频并完成在线讨论、在线测验等 2. 线上布置课堂研讨和辩论主题，学生遇疑提疑，教师实时指导。通过学习通毕达哥拉斯定理等视频案例，解决学生对认识过程的疑问	"三学三疑一提升"问题教学法。学生通过SPOC平台进行知识获取，完成自学预习任务，培养自学能力，为线下课堂师生互动奠定基础，提高课堂参与度
复习回顾 教师讲解 6分钟	1. 总结线上学习内容，通过我问你答环节，检查学生自学效果，并及时点评 2. 教师结合PPT讲解学生掌握不到位的知识点	"三学三疑一提升"师生互动教学法。我问你答环节。巩固在线学习重点内容，为线下授课奠定基础
案例导入 3分钟	1. 教师提出思辨问题，播放视频案例"凡尔纳的科幻'预言'"，引出问题：凡尔纳为什么否认自己是预言家呢？实践与认识之间是什么关系呢？ 2. 学生观看视频、积极思考提出问题	"三学三疑一提升"案例教学法。师生共同提出问题、双向问题导入，体现师生互动

续表

教学步骤	授课内容及过程	教学方法和意图
教学目标 3分钟	本次课教学目标： 　1. 知识目标：正确掌握实践与认识、真理与价值的本质，必然王国走向自由王国的过程 　2. 能力目标：拥有运用唯物辩证法认识世界和改造世界的素养和本领 　3. 价值目标：培养探索创新的科学精神，投身社会主义现代化强国建设	"三学三疑一提升"目标导向教学法。明确目标，学生学习时注重目标的达成
知识前测 4分钟	"雨课堂"自动批阅并公布正确答案，教师进一步讲解易错基础知识	"三学三疑一提升"前测：掌握学生对在线知识的掌握程度，有针对性地开展课堂教学
教师讲解线上困惑 10分钟	1. 讲解线上困惑。通过教学案例及时纠正学生对"主体客体化"和"客体主体化"的错误认识，并进行释疑 　2. 师生互问，运用经典导读和案例，讲授"非理性因素"和"非理性主义"的区别	"三学三疑一提升"解疑释疑。引导学生正确理解主体客体化和客体主体化的统一，使学生理解非理性因素在创新思维中起着重要的作用，要正确地将非理性因素应用到实际生活中
教师指导学生深入研讨10分钟	1. 引导学生分小组讨论："知就是行"是正确的吗？"跟着感觉走"有什么不好？真理与谬误能相互转化吗？ 　2. 引导学生分小组辩论：科学技术是福 VS 科学技术是祸；书本知识重要 VS 社会实践重要	"三学三疑一提升"参与式学习：通过以学生为主体的教学，提升学生团队合作意识和合作探究学习能力

续表

教学步骤	授课内容及过程	教学方法和意图
小组分享交流成果教师点评7分钟	教师首先通过案例对实践在认识活动中的决定作用进行讲解,然后由学生分享研讨成果,并及时进行师生互动 1. 分享交流成果:"知就是行"是正确的吗? 2. 学生互问互答,加深对科学实践观的理解 实践需要　　　　认识产生 农牧业生产 ⟹ 天文学、历法 丈量土地 ⟹ 数学 建筑、手工业 ⟹ 力学 治理环境污染和生态失衡 ⟹ 生态科学	"三学三疑一提升"互动研学。通过翻转课堂将实践观与社会生活相结合。学生分享的"绿色电能全覆盖 湖北首个'零碳'村"的案例,引导学生深刻把握实践的本质
教师析疑5分钟	基于学生展示交流中的误区,教师通过对比柏拉图的回忆说、洛克的白板说、皮亚杰的发生认识论等哲学史上关于认识来源的不同观点,讲解马克思主义认识论的三层含义,并指出与唯心主义先验论、旧唯物主义以及不可知论的区别	"三学三疑一提升"教师主导。发挥教师主导作用,教师答疑解惑,引导学生深刻掌握认识的三层含义
小组分享交流成果教师析疑7分钟	1. 小组代表通过案例"元素周期表的诞生与完善"、视频案例"'天空立法者'的奥秘"分享:"跟着感觉走"有什么不好?真理与谬误能相互转化吗? 2. 学生互问互答,加深对感性认识与理性认识的理解 3. 教师运用毛泽东的《实践论》讲解人类认识运动的总规律	"三学三疑一提升"互动合学。通过翻转课堂引导学生深刻把握认识过程的两次飞跃

教学步骤	授课内容及过程	教学方法和意图
小组辩论 学生提问 7分钟	1. 正反双方通过案例、素材等，从多方面多角度进行辩论：科学技术是福 VS 科学技术是祸 2. 学生提问，辩论小组成员回应学生疑问	"三学三疑一提升"辩论研学。引导学生深刻理解科学技术是一把"双刃剑"，深刻把握实践与认识的辩证关系
教师析疑 5分钟	根据辩论中学生的疑问，教师通过案例"屠呦呦及其'抗疟神药'"，讲清楚真理与价值在实践中的辩证统一	"三学三疑一提升"教师点拨。引导学生在学习和将来工作中要做到真理尺度与价值尺度的辩证统一，做对人类和社会有益的事情
小组辩论 教师点拨 7分钟	1. 正反反方围绕主题：书本知识重要 VS 社会实践重要进行辩论。 2. 学生提问，辩论代表回应学生疑问 3. 教师及时点拨学生关于真理的绝对性和相对性之间的关系	"三学三疑一提升"辩论研学、师生互动。通过辩论互学，引导学生深刻理解真理的绝对性和相对性之间的关系，做到将书本知识和社会实践相结合，实现理论与实践的辩证统一，做到知行合一
学生提问 师生答疑 5分钟	学生提出：什么是自由？ 1. 学生的回答。学生对自由的回答多种多样，大部分学生对自由的理解存在偏差和误解 2. 引导学生理解宿命论和唯意志论是两种错误的自由观 3. 对自由的内涵和特点进行讲解，引导学生理解自由的三重维度	"三学三疑一提升"教师主导。引导学生深刻理解认识必然、争取自由是人类认识世界和改造世界的根本目标。引导学生志存高远、坚定马克思主义信仰、坚定中华民族伟大复兴的信心，与人民共命运，更好地实现人生价值，妥善解决必然与自由的关系
学生互评 教师点评 5分钟	1. 小组代表简述在本节课中的提高与收获，并阐述本节课对自己的启发，学生自评、互评学习效果 2. 学生对小组分享、辩论、提问等环节进行主观评价 3. 教师点评学生本节课的综合表现，对优秀学生进行表扬，并根据学生评价给出星级评价	"三学三疑一提升"师生点评。发挥学生主体作用和教师主导作用，共同评价翻转课堂的实效

续表

教学步骤	授课内容及过程	教学方法和意图
归纳总结 4分钟	教师归纳总结本节课教学主要内容	"三学三疑一提升"目标导向总结提升。引导学生掌握知识目标的内容，提升正确运用辩证唯物主义认识论认识世界和改造世界的能力，树立正确的实践观、价值观，投身社会主义现代化强国建设
分层作业 2分钟	必做： 1. 绘制本课思维导图 2. 查找周邓纪念馆中与辩证唯物主义认识论相关的历史事件 选做：分析国内外时事中蕴含的认识论	"三学三疑一提升"分层教学法。根据学生情况和需求，分层设置作业形式，培养学生灵活运用辩证唯物主义认识论解决复杂问题的能力，实现能力拓展。
实践教学 90分钟	行走课堂实践 习近平总书记在党的二十大报告中指出："中国共产党人深刻认识到，只有把马克思主义基本原理同中国具体实际相结合、同中华优秀传统文化相结合，坚持运用辩证唯物主义和历史唯物主义，才能正确回答时代和实践提出的重大问题，才能始终保持马克思主义的蓬勃生机和旺盛活力。" 带领同学们参观周邓纪念馆教育基地，深入了解周恩来、邓颖超等革命先辈的生平事迹和革命历程。结合习近平总书记的讲话精神，运用辩证唯物主义认识论互动交流，分享学习心得	"三学三疑一提升"实践教学。将理论与实践相结合，立德树人。 根据学习内容，开展"中国共产党为什么能"主题式实践教学活动，参观周邓纪念馆，引导学生将辩证唯物主义认识论与具体实践相结合，深刻认识红色政权来之不易，全面把握实践与认识的辩证关系，做到知行合一

续表

教学步骤	授课内容及过程	教学方法和意图
实践教学 90分钟	运用线上线下相结合的方式，在学习通平台，展示学生实践活动效果。线上线下考核主要由以下四个方面："四位一体"实践设计：打卡—感悟—微视频—调研报告	"三疑三学一提升"实践教学　将教学与实践相结合，实现学以致用，启智润心，激励学生为建设社会主义现代化强国贡献青春力量
	1. 寻宝打卡：带着课前任务寻找打卡地点。实时关注学生到周邓纪念馆参观学习状态 2. 撰写感悟：学生将参观的实时感悟提交学习通平台，教师将优秀的感悟推送至平台展	
	3. 拍摄微视频：小组分工协作，选择切入点用辩证唯物主义认识论分析周恩来、邓颖超等人的思想、精神，拍摄微视频上传平台。通过交流分享，将所学理论与感悟历史相结合，激发同学们的爱国情强国志报国行。优秀视频链接分享到推优平台	"三疑三学一提升"实践教学。推荐优秀视频参加市大学生讲思政课比赛，参加全国大学生红色全景资源创意展示大赛，实现理论与实践的良性互动，以赛促学
	4. 调研报告：将参观内容与认识论相结合，加深对历史事件和人物的理解。调研报告包括选题目的、事件经过、参观感受、哲学分析等内容，1000字以上。优秀调研报告在平台进行推优展示	培养学生灵活运用知识的能力，培养学生创新思维、求真务实、探索创新的科学精神，实现线上线下混合式教学闭环

（九）课堂延伸

为实现线上线下、课内课外、理论实践全过程全方位立体化的 "三学三疑一提升" 教学模式，将辩证唯物主义认识论与新时代大学生的实际相结合，与我国社会主义现代化强国建设相结合，与习近平新时代中国特色社会主义思想相结合，推动党的创新理论进教材、进课堂、进学生头脑，从实践与认识、真理与价值的辩证统一角度提升学生的学习体验、学术视野和家国情怀。

教学团队带领学生走进周邓纪念馆等地，将教学从三尺讲台拓展到万里江山，使学生在思政实践教学中感知辩证唯物主义认识论的科学性，培养学生创新思维和求真务实、探索创新的科学精神，增强学生做到真理尺度与价值尺度辩证统一的信心和决心，投身社会主义现代化强国建设。

（十）学习评价方式

本课次采用多元评价方式，既评价线上学习效果，又评价线下学习过程，兼顾对个人和小组的评价。线上评价来自"中国大学MOOC"平台记录，线下评价来自慕课堂、课堂观察和主观评价。

1. 课前（线上）

（1）通过"中国大学MOOC"平台提供的数据，了解学生在平台的学习完成度。

（2）学生完成预习和在线章节检测情况，平台自动评分。

（3）学生在平台讨论区提出问题、参与讨论，平台自动给出成绩。

2. 课中（线下）

（1）课程签到情况。上课前通过慕课堂二维码扫码完成，平台自动显示学生到班上课情况。

（2）通过与学生眼神交流和互动，分析学生分组讨论和辩论情况，观察学生在教学过程中的投入程度，判断本节教学设计内容组织和节奏控制的合理性。

（3）通过学生在课堂分组讨论"'知就是行'是正确的吗""'跟着感觉走'有什么不好"等主题讨论，以提问形式判断学生对实践的本质的理解程度，判断学生对认识的过程的理论联系实际能力。

3. 课后

（1）通过撰写感悟、拍摄微视频、撰写调研报告，考察学生对辩证唯物主义认识论的应用能力。

（2）通过"雨课堂"、慕课堂、微信群和邮件，与学生进行课后在线交流，了解学生对本章知识的掌握情况，学生对真理与价值的辩证统一的运用情况。

（十一）反馈方式

1. 课前预习反馈

课前梳理知识点，检查课前学习任务清单完成情况，学生课前"我问你答"环节反馈在线学习情况，记录小组的准确率和参与率。解决学生自主学习遇到的疑问。针对学生自测问题和讨论话题在课前3分钟开展。

2. 课堂采用及时反馈

教师鼓励学生提出问题，对学生研讨和分享环节遇到的共性问题和难点问题进行详细讲解，解决学生学习辩证唯物主义认识论中的认识误区；将对学生疑问的解答发送到慕课堂，同时将学生优秀作业和选做作业（调研报告）发布至 SPOC 平台。

3. 课后包括平台反馈和面对面反馈

针对学生课堂学习反馈的问题，通过教师在线解答和拓展资源在线分享解决。对作业进行面批面改，对小组分享成果及时点评。

二、《马克思主义基本原理》之唯物史观

习近平总书记指出："唯物史观是我们共产党人认识把握历史的根本方法"，是人们认识世界和改造世界的方法。马克思指出："我们判断一个人不能以他对自己的看法为根据，同样，我们判断这样一个变革时代也不能以它的意识为根据；相反，这个意识必须从物质生活的矛盾中，从社会生产力和生产关系之间的现存冲突中去解释。"马克思主义历史观是从对人类历史发展的考察中抽象出来的最一般的结果的概括，这些抽象本身离开了现实的历史就没有任何价值。唯物史观"不仅对于经济学，而且对于一切历史科学都是一个具有革命意义的发现",为人们提供了对社会历史的总体认识,帮助人们理解和解释社会历史的发展过程和规律,在马克思主义基本原理中对深入理解政治经济学和科学社会主义具有重要作用。本章教学计划6学时。知识结构如图7-2所示。

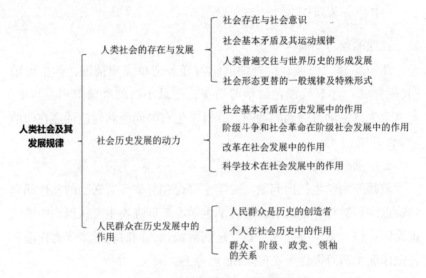

图 7-2　唯物史观知识结构图

(一) 学情分析

1. 学生知识经验分析

大部分学生理解并掌握唯物论和辩证法的应用,能够运用辩证唯物主义认识论认识世界和改造世界,但是对于人类社会的发展规律、社会存在与社会意识的辩证关系等知识认知不到位,对社会历史发展的动力、历史的创造者等内容理解模糊。

2. 学生学习状态分析

学生课堂的主动性有所提高,积极参与课堂讨论,发散性思维和创新性思维有所提升,需要继续开展自主合作探究的混合式教学活动进一步提升学生学习状态。

3.学生学习能力分析

大部分学生已经熟悉"三学三疑一提升"混合式教学模式，已养成良好的学习习惯，能够自主完成线上自学，积极参与线下课堂教学和社会实践活动，能够较好地完成线上线下教学任务，学习能力有所提升。

（二）学习目标

1.知识目标

（1）学习历史唯物主义的基本原理。

（2）着重了解社会存在与社会意识的辩证关系。

（3）把握社会基本矛盾及其运动规律。

（4）理解社会发展的动力。

（5）掌握人民群众和个人在社会历史中的作用。

2.能力目标

（1）培养学生运用历史唯物主义正确认识历史和现实的能力。

（2）培养学生正确认识社会发展规律的自觉性和能力。

（3）引导学生客观、全面、公正地评价历史人物在社会历史发展中的作用。

3.价值目标

（1）将对人民群众作用的情感认同转化为思想认同。

（2）提升为国家和民族奋斗的使命担当。

（3）为实现中国式现代化贡献力量。

（三）教学内容

社会历史现象扑朔迷离、纷繁复杂。社会发展是否有规律可循？社会发展的根本动力是什么？谁是历史的创造者？如何看待杰出人物在历史中的作用？这一系列"历史之谜"在思想史上长期困扰着人们。马克思和恩格斯创立的历史唯物主义实现了社会历史观的伟大变革，为我们正确认识人类社会历史及其发展趋势、准确把握社会发展的动力因素、准确把握人民群众和杰出人物在历史中的作用，提供了科学的理论指导。本课教学内容及重难点如表 7-5 所示。

表 7-5　教学内容及重难点

线上教学内容	线下教学内容	线上线下衔接内容	教学重点难点
人类社会的基本结构及其发展规律	历史观的基本问题	研讨：人类社会的发展是否有规律可循？	重点：生产力与生产关系的辩证关系、经济基础与上层建筑的辩证关系
思想的魅力：社会意识的相对对立性和文化自信	社会存在与社会意识的辩证关系	研讨：社会意识有哪些形式？彼此之间有什么区别？	难点：社会历史发展的客观必然性与社会历史主体的能动选择性
关系的裂变：人类普遍交往与世界历史的形成与发展	世界历史的基本特征	研讨：如何正确看待经济全球化？	重点：世界历史与经济全球化的关系
人民群众和杰出人物的历史作用	人民群众是社会变革的决定力量	辩论：时势造英雄 VS 英雄造时势	重点：两种历史观在历史创造者问题上的对立
社会发展的引擎：社会发展的动力系统	社会基本矛盾是历史发展的根本动力	辩论：科学技术在社会发展中的作用是造福 VS 科学技术在社会发展中的作用是造孽	难点：根本动力与直接动力的区别

　　通过在线、课堂和实践，引导学生明确社会存在与社会意识的辩证关系，掌握社会基本矛盾及其运动规律，理解世界历史的形成发展、社会进步与人的发展、文明及其多样性，明确社会历史发展的动力、人民群众和个人在社会历史中的作用、群众、阶级、政党、领袖的关系。

（四）教学资源的选取

1. 线上教学资源

（1）中国大学 MOOC 资源

依托中国大学 MOOC 武汉大学《马克思主义基本原理》国家精品课建立本校异步 SPOC 课程。线上资源有视频、测验和讨论。给学生提供学习任务单，要求学生在线查找资料、案例等，为课堂展示辩论做好准备。

线上讨论题：人类社会生生不息、绵延发展的基础和动力是什么？

研讨主题：人类社会的发展是否有规律可循？谁是社会历史的真正创造者？如何正确看待经济全球化？

辩论主题：时势造英雄 VS 英雄造时势；科学技术在社会发展中的作用是造福 VS 科学技术在社会发展中的作用是造孽

（2）"超星学习通" 资源

运用学习通视频资源希腊神话的演变与消亡、凯恩斯与宏观经济学的产生、Alpha Go（阿尔法围棋）、法兰西的世纪迂回、西藏农奴的解放、井田制的消亡、中国改革开放 40 周年、高铁时代、生活中的航天高科技、智能设备和信息安全、地理信息技术刻写 "数字中国"、李兰娟——在抗疫前线攻坚克难的白衣战士、"互联网+" 在抗疫中发挥独特优势、核能的利用、攻占巴士底狱、抄写员的逆袭人生——班超等案例，扩大学习半径，生动形象地解决学生自学、合学、研学中遇到的关于唯物史观的疑问。

（3）学习强国

推荐学生使用学习强国学习以唯物史观为主题的最新资源，这些资源包括了时代案例、学术文章、时事视频，方便学生将唯物史观及时与社会现实联系起来，做到学用结合。

①学术文章：唯物史观视野下中国式现代化的历史坐标与世界意义。

②案例：【浦江之声】讲 "故事" 岂能不讲唯物史观。

③视频：毛泽东最早提出"唯物史观是吾党哲学的根据"。

④视频：马克思主义经济学思维方式的核心内容——唯物史观（8分 22 秒）。

2. 文献资源

向学生推荐教材、教辅用书、经典著作导读，注重教材内容的经典性、生动性。读经典有利于学生从源头上完整准确地理解高质量发展，做到知其然、知其所以然、知其所以必然。

（1）马克思：《〈政治经济学批判〉序言》，《马克思恩格斯选集》第二卷，人民出版社 2012 年版。

（2）列宁：《共产主义运动中的"左派"幼稚病》（节选），《列宁选集》第四卷，人民出版社 2012 年版。

（3）毛泽东：《关于正确处理人民内部矛盾的问题》，《毛泽东文集》第七卷，人民出版社 1999 年版。

（4）邓小平：《改革是中国的第二次革命》，《邓小平文选》第三卷，人民出版社 1993 年版。

（5）习近平：《在文艺工作座谈会上的讲话》，人民出版社 2015 年版。

（6）习近平：《坚持历史唯物主义不断开辟当代中国马克思主义发展新境界》，《求是》2020 年第 2 期。

（7）习近平：《让多边主义的火炬照亮人类前行之路——在世界经济论坛"达沃斯议程"对话会上的特别致辞》，《人民日报》2021 年 1 月 26 日。

3. 实践资源

根据唯物史观的基本理论，充分挖掘天津与唯物史观相关的资源，探索其中蕴含的育人要素，建立实践研学合作，开展内容丰富的实践活动。本课次要实践研学的基地是天津滨海新区中关村科技园，引导学生将所学理论与实践相结合，践行群众史观，坚定文化自信。

4. 进阶资源

进阶资源作为选择性学习资源，可满足不同专业、不同学习程度的学生兴趣，学生可根据需要选择性地学习。学生中的团员、入党积极分子、中共党员应当更深入学习马克思主义经典文献，提高理论素养。进阶资源有经典论述资源、延伸阅读资源、影视资料等。

（1）延伸阅读资源

经典研读内容见表7-6。

表 7-6　经典研读内容

经典研读	马克思指出："并不是历史把人当作手段来达到自己——仿佛历史是一个独具魅力的人——的目的。历史不过是追求着自己目的的人的活动而已。"
	马克思指出："物质生活的生产方式制约着整个社会生活、政治生活和精神生活的过程。不是人们的意识决定人们的存在，相反，是人们的社会存在决定人们的意识。社会的物质生产力发展到一定阶段，便同它们一直在其中运动的现存生产关系或财产关系（这只是生产关系的法律用语）发生矛盾。于是这些关系便由生产力的发展形式变成生产力的桎梏。那时社会革命的时代就到来了。随着经济基础的变更，全部庞大的上层建筑也或慢或快地发生变革。"
	马克思恩格斯指出："各个相互影响的活动范围在这个发展进程中越是扩大，各民族的原始封闭状态由于日益完善的生产方式、交往以及因交往而自然形成的不同民族之间的分工消灭得越是彻底，历史也就越是成为世界历史。"
	马克思指出："当文明一开始的时候，生产就开始建立在级别、等级和阶级的对抗上，最后建立在积累的劳动和直接的劳动的对抗上。没有对抗就没有进步。这是文明直到今天所遵循的规律。"
	马克思说："手推磨产生的是封建主的社会，蒸汽磨产生的是工业资本家的社会。"
	列宁指出："所谓阶级，就是这样一些大的集团，这些集团在历史上一定的社会生产体系中所处的地位不同，同生产资料的关系（这种关系大部分是在法律上明文规定了的）不同，在社会劳动组织中所起的作用不同，因而取得归自己支配的那份社会财富的方式和多寡也不同。所谓阶级，就是这样一些集团，由于它们在一定社会经济结构中所处的地位不同，其中一个集团能够占有另一个集团的劳动。"

续表

经典研读	习近平指出："在革命、建设、改革各个历史时期，我们党运用历史唯物主义……在认识世界和改造世界过程中不断把握规律、积极运用规律，推动党和人民事业取得了一个又一个胜利。"
	邓小平指出："社会主义社会中的阶级斗争是一个客观存在，不应该缩小，也不应该夸大。实践证明，无论缩小或者夸大，两者都要犯严重的错误。"
	毛泽东指出："在我党的一切实际工作中，凡属正确的领导，必须是从群众中来，到群众中去。这就是说，将群众的意见（分散的无系统的意见）集中起来（经过研究，化为集中的系统的意见），又到群众中去作宣传解释，化为群众的意见，使群众坚持下去，见之于行动，并在群众行动中考验这些意见是否正确。然后再从群众中集中起来，再到群众中坚持下去。如此无限循环，一次比一次地更正确、更生动、更丰富。"
	习近平指出："唯物史观是我们共产党人认识把握历史的根本方法。"
	习近平指出："当今时代，数字技术作为世界科技革命和产业变革的先导力量，日益融入经济社会发展各领域全过程，深刻改变着生产方式、生活方式和社会治理方式。"
	习近平指出："从历史上看，不管遇到什么风险、什么灾难、什么逆流，人类社会总是要前进的，而且一定能够继续前进。"
	习近平指出："不能把历史顺境中的成功简单归功于个人，也不能把历史逆境中的挫折简单归咎于个人。不能用今天的时代条件、发展水平、认识水平去衡量和要求前人，不能苛求前人干出只有后人才能干出的业绩来。"

（2）拓展影视资料

①纪录片《沂蒙情深》之水乳交融，中央广播电视总台。

②纪录片《鲁艺》为人民放歌，中央广播电视总台。

（五）教学资源的制作和使用

本课次采用线上线下混合式教学，根据所教专业学生学情制作使用教学资源。

1. 线上教学资源的制作和使用

课前制作线上学习任务单，帮助学生完成课前自主学习。在线学习视频（8 个）、在线讨论（3 个）、课前测验（5 道）、PPT（1 套）、电子教材（1 份）、基础知识问题（8 个）、提出学习困惑（根据学习情况）。

"超星学习通" 的视频案例与解析有助于学生进一步理解唯物史观的相关知识。学生可以线上查阅拓展资源深入学习。布置线上讨论主题，学生在线讨论，教师实时指导。布置研讨主题和辩论主题，在线查找资料、案例、视频等任务，为课堂展示交流和辩论做好准备。

2. 线上线下教学资源的制作和使用

线上课前检测 5 分钟，通过 "雨课堂" 推送到学生手机端，5 分钟后自动收卷并批改。教师根据后台的数据及时分析，重点讲解错误率较高的知识点。

课堂上学生借助图书资源、案例资源等深入研讨，小组代表分享讨论结果。

（1）人类社会的发展是否有规律可循？

（2）谁是社会历史的真正创造者？

（3）如何正确看待经济全球化？

辩论主题：时势造英雄 VS 英雄造时势；科学技术在社会发展中的作用是造福 VS 科学技术在社会发展中的作用是造孽

辩论小组正方反方现场辩论。学生自评、互评，教师点评。

教师通过视频案例 "甘肃：以科技创新加快发展新质生产力对新质生产力" 答疑解惑。

3. 实践资源的制作和使用

学生提前查找与唯物史观相关的历史人物和历史事件，充分发掘滨海新区中关村科技园在本课次教学中的作用，引导学生进一步掌握生产力与生产关系之间的关系。

（六）混合式教学模式设计

"三学三疑一提升"教学模式中，课前检测评估在线学习效果，及时解决线上自学预习遇疑，着重了解社会存在的科学内涵，掌握社会存在与社会意识的辩证关系；课堂灵活运用慕课堂、学习通、雨课堂等多媒体教学工具，学生合学辩论析疑、研学互动解疑，深入理解高质量发展的内涵。实践充分挖掘滨海新区中关村科技园的科学技术在经济发展中的作用，实现知信行统一。同时，将上课实录上传至慕课平台，实现线下课堂教学的无限延伸；价值引领贯穿始终，强化学生高阶思维培养，引导学生坚定文化自信。

（七）混合式教学策略和方法

混合式教学过程中，充分利用慕课堂、超星学习通、雨课堂等平台，开展多元化教学活动，教学过程中分层设计唯物史观的内容：基础知识、思维进阶、实践应用。采用以下策略和方法：

1. 理论与实践相结合的教学法

线上学习基础知识，课堂讲授重难点理论，实践研学实现学以致用。学生通过学习与参观深入理解社会存在与社会意识的深刻内涵、社会基本矛盾及其发展规律、世界历史与经济全球化的关系，坚持群众路线，践行群众史观。教学中运用视频案例"福建：发展新质生产力 开辟产业新赛道"，引导学生思考新质生产力的内涵是什么。实践研学带领学生参观滨海新区中关村科技园，引导学生在参观研学中坚定唯物史观，坚定文化自信，积极投身现代化强国建设。

2. 问题导向和目标导向教学法

混合式教学模式中的"三疑""三学"坚持了问题导向和目标导向。本课次用以下问题导引教学：打开人类社会"历史之谜"的钥匙是什么？世界历史如何形成和发展？有哪些因素推动着社会历史的发展和进步？谁才是人民群众利益的忠实代表？紧扣教学目标，提高学生解决问题的思维能力，着眼唯物史观的教学实效性。

3. 课堂讲授与合作探究教学法

混合式教学过程中，教师对学习难点 "社会历史发展的客观必然性与社会历史主体的能动选择性" 层层深入、答疑解惑，提高课堂讲授的针对性。对学习重点和学生关注点，通过启发式提问、小组研讨、小组辩论、小组展示等环节，打通教材和学生之间的对接点。以理论的逻辑力量和合作探究的积极性唤醒学生，深化学生对人类社会及其发展规律的理解和运用。

（八）混合式教学实施方案

本课次共6学时。线上2学时，课堂2学时，实践2学时。线上资源是 "中国大学MOOC" 教学视频、"超星学习通" 的视频案例、"学习强国" 的时事案例等；线下资源以教材为主，教辅资料、进阶资源为辅。线上2学时，其中1学时在线学习慕课视频，1学时线上查找资料、线上研讨；课堂2学时，包括教师讲授和小组合作探究等教学活动。实践2学时，包括学时寻宝打卡、撰写感悟、拍摄视频和撰写调研报告。具体实施过程如表7-7所示。

表 7-7　教学实施方案

教学步骤	授课内容及过程	教学方法和意图
线上学习 90分钟	1. 慕课堂发布线上学习任务，引导学生自学预习遇疑：学习视频并完成在线讨论、在线测验等 　2. 线上布置课堂研讨和辩论主题，学生遇疑提疑，教师实时指导。通过学习 "Alpha Go（阿尔法围棋）""法兰西的世纪迂回" 等视频案例，使学生更好地理解相关知识点，促进学习交流	"三学三疑一提升" 问题教学法。学生视频学习获取知识，完成自学预习任务，培养自学能力，为线下课堂师生互动奠定基础，提高课堂参与度

续表

教学步骤	授课内容及过程	教学方法和意图
复习回顾 教师讲解 6分钟	1. 总结线上学习内容，通过我问你答环节，检查学生自学效果，并及时点评：唯物史观与唯心史观的区别、社会存在与社会意识的概念、生产力与生产关系的概念、经济基础与上层建筑的概念等 2. 教师结合 PPT 讲解学生掌握不到位的知识：新发展阶段面临的问题与挑战	"三学三疑一提升"师生互动教学法。我问你答环节。巩固在线学习重点内容，为线下授课奠定基础
案例导入 3分钟	1. 教师提出思辨问题，播放视频案例《地理信息技术刻写"数字中国"》引出问题：科学技术在人类社会发展中起着什么作用？ 2. 学生观看视频、积极思考提出问题	"三学三疑一提升"案例教学法。锻炼学生的知识迁移能力，实现对理论知识更深刻的理解
教学目标 3分钟	教学目标： 1. 知识目标：学习历史唯物主义的基本原理；着重了解社会存在与社会意识的辩证关系；把握社会基本矛盾及其运动规律；理解社会发展的动力；掌握人民群众和个人在社会历史中的作用 2. 能力目标：培养学生运用历史唯物主义正确认识历史和现实思维的能力；培养学生正确认识社会发展规律的自觉性和能力；引导学生客观、全面、公正地评价历史人物在社会历史发展中的作用 3. 价值目标：将对人民群众作用的情感认同转化为思想认同；提升为国家和民族奋斗的使命担当；为实现中国式现代化贡献力量	"三学三疑一提升"目标导向教学法。明确目标，学生学习时注重目标的达成

续表

教学步骤	授课内容及过程	教学方法和意图
知识前测 4分钟	雨课堂自动批阅并公布正确答案，教师进一步讲解易错基础知识 一、单选 1. 人类社会历史发展的决定力量是（B） A. 社会意识 B. 生产方式 C. 地理条件 D. 人口因素 2. 社会意识相对独立性的最突出表现是它（A） A. 对社会存在具有能动的反作用 B. 同社会经济的发展具有不平衡性 C. 具有历史的继承性 D. 同社会存在发展的不同步性 3. 在生产关系中起决定作用的是（A） A. 生产资料所有制 B. 在生产中人与人的关系 C. 产品的分配和交换 D. 管理者和生产者的不同地位 4. 人类社会发展的一般规律是（D） A. 社会存在和社会意识的矛盾规律 B. 生产方式内部的矛盾规律 C. 物质生产和精神生产的矛盾规律 D. 生产力和生产关系、经济基础和上层建筑之间的矛盾运动规律	"三学三疑一提升"前测：掌握学生对在线知识的掌握程度，有针对性地开展课堂教学

教学步骤	授课内容及过程	教学方法和意图
知识前测 4分钟	5. 上层建筑是指（A） A. 建立在一定社会经济基础之上的意识形态及相应的制度和设施 B. 社会生产关系 C. 社会的经济制度 D. 科学技术	"三学三疑一提升"前测：掌握学生对在线知识的掌握程度，有针对性地开展课堂教学
教师讲解线上困惑 10分钟	讲解线上困惑。以"凯恩斯与宏观经济学的产生"视频事例引导学生思考经济基础与上层建筑之间的辩证关系。	"三学三疑一提升"解疑释惑。引导学生正确理解经济基础与上层建筑之间的辩证关系
教师指导学生深入研讨 10分钟	1. 引导学生分小组讨论：①人类社会的发展是否有规律可循？②谁是社会历史的真正创造者？③如何正确看待经济全球化？ 2. 引导学生分小组辩论：时势造英雄 VS 英雄造时势；科学技术在社会发展中的作用是造福 VS 科学技术在社会发展中的作用是造孽	"三学三疑一提升"参与式学习：以学生主体的教学，提升学生团队合作意识和合作探究学习能力
小组分享交流成果教师点评 7分钟	教师首先通过案例引导学生正确认识马克思关于唯物史观的经典概括，是通过一系列基本范畴来表述的，其中包括生产力、生产关系、经济基础、上层建筑、物质生活的生产方式、社会存在、社会意识、社会革命、意识形态、社会形态等。然后由学生分享研讨成果，并及时进行师生互动 1. 分享交流成果：人类社会的发展是否有规律可循？ 2. 学生互问互答，加深对人类社会发展规律的认识和理解	"三学三疑一提升"互动研学。通过翻转课堂将唯物史观与唯心史观对比学习，引导学生深刻把握唯物史观

教学步骤	授课内容及过程	教学方法和意图
教师析疑 5分钟	1. 基于学生展示交流中的问题，教师讲授在对待社会历史发展及其规律问题上，有两种根本对立的观点：一种是唯物史观，另一种是唯心史观。唯心史观的主要缺陷是：至多考察了人的活动的思想动机，没有进一步考究思想动机背后的物质动因和经济根源，因而从社会意识决定社会存在的前提出发，把社会历史看成精神发展史，根本不懂得社会历史的客观规律，也不懂得人民群众在社会历史发展中的决定作用。马克思和恩格斯科学地解决了社会存在与社会意识的关系问题，创立了唯物史观 2. 讲清楚社会存在与社会意识的关系问题，是社会历史观的基本问题。正确认识社会存在与社会意识的关系，是科学把握人类社会发展规律的基础和前提	"三学三疑一提升"教师主导。教师发挥主导作用，答疑解惑，引导学生深刻理解社会存在与社会意识的辩证关系
小组分享 交流成果 教师析疑 7分钟	1. 小组代表通过案例 "太空见证中国式现代化：人民至上"（2分47秒），与学生分享：谁是社会历史的真正创造者 2. 教师引用2023年10月18日上午，习近平总书记在北京人民大会堂出席第三届 "一带一路" 国际合作高峰论坛开幕式并发表题为《建设开放包容、互联互通、共同发展的世界》主旨演讲的内容，习近平总书记笃信马克思主义关于人民群众是历史的创造者的唯物史观，将古代的 "民惟邦本，本固邦宁" 升华为 "人民至上" 的理念。以此讲解群众史观	"三学三疑一提升"互动合学。通过翻转课堂引导学生深刻理解人民至上

教学步骤	授课内容及过程	教学方法和意图
小组辩论 学生提问 7分钟	1. 正反双方通过"屈原其人：时势造英雄"和电影《绝地重生》等时势造英雄且英雄也造时势的案例和素材，从多角度进行辩论：时势造英雄VS英雄造时势 2. 学生提问，辩论小组成员回应学生疑问	"三学三疑一提升"辩论研学。引导学生深刻理解人民群众是历史的创造者
教师析疑 5分钟	教师以《觉醒年代》中的李大钊为例讲清楚如何塑造"英雄"，和学生分享：李大钊率先在中国介绍、宣传和研究马克思主义，是20世纪初中国的"播火者"，以开拓者的无畏姿态，旗帜鲜明地指出马克思主义是我们时代的真理。从世界历史进程看，人与时势互相争抢出头，纵观古今，你认为是天时地利地塑造了英雄，还是英雄勇立潮头逆转了时势？恐怕，英雄能有所成就，是因为环境恰好适合他们发展，从而催生了这些棱角分明的人。从这一点看来，《革命者》遵循的是"时势造英雄"的唯物史观，而非"英雄造时势"的唯心史观	"三学三疑一提升"教师点拨。引导学生认识到英雄人物在我国历史发展中所起的作用，正确认识时势造英雄的深刻含义
小组辩论 教师点拨 7分钟	1. 正反双方围绕主题：科学技术在社会发展中的作用是造福VS造孽，从多方位进行辩论 2. 教师运用案例"人工智能伦理的国际软法之治：现状、挑战与对策"给学生讲清楚：人工智能技术不仅能快速赋能经济社会发展，也可能引发诸多与人工智能技术本身特征和发展高度相关的伦理问题。国际软	"三学三疑一提升"辩论研学、师生互动。通过辩论互学，引导学生深刻理解科学技术是一把双刃剑

续表

教学步骤	授课内容及过程	教学方法和意图
小组辩论 教师点拨 7分钟	法因灵活高效、适用成本低，能填补硬法空白，以及方便区分治理、分层应对伦理问题的优势，其在人工智能伦理治理领域的勃兴几乎是必然的。在该领域国际软法发达、硬法落后的现状下，面对国际软法主体间合作不稳定、有时得不到有效实施的治理挑战，治理模式可逐渐向软硬兼备、软法"硬化"转变，以提高软法约束力与执行可能性	"三学三疑一提升"辩论研学、师生互动。通过辩论互学，引导学生深刻理解科学技术是一把双刃剑
学生提问 师生答疑 5分钟	学生提出：科学技术革命是推动社会发展的强大杠杆。20世纪中期以后出现的以原子能的利用、电子计算机和空间技术为代表的科技的发展，特别是以信息技术、新材料、新能源、生物工程、海洋工程等高科技的出现为主要标志的科技革命，使人类进入了互联网、智能化、数字化的时代，推动了由工业经济形态向信息社会或知识经济形态的过渡。但是，互联网又是一把"双刃剑"，人们在享受它提供的信息和服务的同时，也应该看到它所带来的大量的"黑色污染""黄色污染""灰色污染"，已经使很多人沉迷于虚幻的网络世界里不能自拔。如何理解科学技术是一把"双刃剑"呢？ 　讲清楚科学技术是先进生产力，对于推动社会发展有着非常重要的作用。中国古代的四大发明推动了人类社会的历史进程，特别是极大地促进了欧洲近代社会生产力的发展。马克思把火药、指南针和印刷术称为预	"三学三疑一提升"教师主导。引导学生理解科学技术在社会发展中的作用

续表

教学步骤	授课内容及过程	教学方法和意图
学生提问 师生答疑 5分钟	告资本主义社会到来的三大发明,火药把封建社会的贵族骑士阶层炸得粉碎,指南针帮助资产阶级打开了世界市场并建立了殖民地,印刷术变成了科学复兴的手段。每一次科学技术革命都不同程度地引起生产方式、生活方式和思维方式的深刻变化与社会的巨大进步。 但是,科学技术像一把双刃剑,既能通过促进经济和社会发展造福于人类,也可能在一定的条件下对人类的生存和发展带来消极后果。科学技术作用的实现要受一定的客观条件,诸如社会制度、利益关系等因素的影响,也要受到一定的主观条件如人们的观念和认识水平的影响	"三学三疑一提升"教师主导。引导学生理解科学技术在社会发展中的作用
学生互评 教师点评 5分钟	1. 小组代表简述本节课自己的提高和收获之处,并阐述课程对自己的影响,学生自评、互评学习效果 2. 学生对小组分享、辩论、提问等环节进行主观评价 3. 教师点评学生本节课的综合表现,对优秀学生进行表扬,并根据学生评价给出星级评价	"三学三疑一提升"师生点评。发挥学生主体作用和教师主导作用,共同评价翻转课堂的实效
归纳总结 4分钟	教师归纳总结本节课教学主要内容: 1. 社会存在决定社会意识 2. 生产力与生产关系的相互关系 3. 经济基础与上层建筑的相互关系 4. 社会规律的客观性与人们的选择性的关系 5. 马克思的历史发展"五形态论"	"三学三疑一提升"目标导向总结提升。引导学生掌握知识目标,引导学生积极创新创造,坚定文化自信

教学步骤	授课内容及过程	教学方法和意图
分层作业 2分钟	必做： 1. 绘制本次课思维导图 2. 查找滨海新区中关村科技园与深化改革之间的关系，与发展新质生产力之间的关系 选做：请同学们分析当前我国人口发展存在哪些问题，如何实现人口与经济、社会、资源和环境协调发展和可持续发展，如何认识、适应、引领我国经济新常态	"三学三疑一提升"分层教学法。根据学生情况和需求，分层设置作业，培养学生学以致用解决复杂问题的能力，实现能力拓展
实践教学 90分钟	行走课堂实践 　习近平总书记在主持中共中央政治局第十一次集体学习时指出："生产关系必须与生产力发展要求相适应。发展新质生产力，必须进一步全面深化改革，形成与之相适应的新型生产关系。""当今时代，数字技术作为世界科技革命和产业变革的先导力量，日益融入经济社会发展各领域全过程，深刻改变着生产方式、生活方式和社会治理方式。" 　带领同学们参观滨海中关村科技园，让其深刻理解科学技术是第一生产力、改革在社会发展中的作用。结合习近平总书记的讲话精神，谈谈自己对科学技术和新质生产力的理解	"三学三疑一提升"实践教学。将理论与实践相结合，增强本领，引导学生深刻认识到自己在新质生产力中的作用，做到知行合一
	运用线上线下相结合的方式，在学习通平台，展示学生实践活动效果。线上线下考核主要由以下四个方面："四位一体"实践设计：打卡—感悟—微视频—调研报告	"三疑三学一提升"实践教学。将教学与实践相结合，提高运用历史唯物主义正确认识历史和现实

续表

教学步骤	授课内容及过程	教学方法和意图
实践教学 90 分钟	1. 寻宝打卡：带着课前任务寻找打卡地点。实时关注学生在滨海新区中关村科技园的参观学习状态 2. 撰写感悟：学生将参观的实时感悟提交学习通平台，教师将优秀的感悟推送至平台展示 3. 拍摄微视频：小组分工协作，选择切入点用新发展理念分析滨海中关村科技园蕴含的唯物史观、科学技术、改革创新、新质生产力等，拍摄微视频上传平台。通过交流分享，将所学理论与实践相结合，激发学生创新的主动性和创造性。优秀视频链接分享到推优平台	"三疑三学一提升"实践教学。推荐优秀视频参加市大学生讲思政课比赛，实现理论与实践的良性互动，以赛促学。
	4. 调研报告：将参观内容与唯物史观相结合，加深对科学技术相关理论的理解。调研报告包括选题目的、事件经过、参观感受、哲学分析等内容，1000 字以上。优秀调研报告在平台进行推优展示	培养学生灵活运用知识的能力，帮助学生自觉树立群众观点，自觉地把广大人民群众的根本利益和要求作为最高的价值标准，实现线上线下混合式教学闭环

（九）课堂延伸

为实现线上线下、课内课外、理论实践全过程全方位立体化的"三学三疑一提升"教学模式，将唯物史观与新时代大学生的实际相结合，与我国社会主义现代化强国建设相结合，与习近平新时代中国特色社会主义思想相结合，推动党的创新理论进教材、进课堂、进学生头脑，提升学生的学习体验、学术视野和家国情怀。

带领学生走进滨海中关村科技园等地，将教学从三尺讲台拓展到万里江山，使学生在思政实践教学中感知新质生产力的发展，培养学生创新思维和探索创新的科学精神，引导学生运用唯物史观认识世界和改造世界，坚定文化自信。

（十）学习评价方式

本课次采用多元评价方式，既评价线上学习效果，又评价线下学习过程，兼顾对个人和小组的评价。线上评价来自慕课堂、雨课堂平台记录，线下评价来自课堂观察和主观评价。

1. 课前（线上）

（1）通过超星学习通、雨课堂等平台提供数据，了解学生在平台的学习完成度。

（2）学生完成预习和在线章节检测情况，平台自动评分。

（3）学生在平台讨论区提出问题、参与讨论的情况，平台自动给出成绩。

2. 课中（线下）

（1）课程签到情况。上课前通过慕课堂二维码扫码完成，平台自动显示学生出勤情况。

（2）通过与学生眼神交流和互动，分析学生分组讨论和辩论情况，观察学生在教学过程中的投入程度，判断本节教学设计内容组织和节奏控制的合理性。

（3）通过学生在课堂分组讨论，以提问形式判断学生对唯物史观的理解程度，判断学生对科学技术是第一生产力、新质生产力的理论联系实际能力。

3. 课后

（1）通过撰写感悟、拍摄微视频、撰写调研报告，考察学生对推动新质生产力的理解与运用。

（2）通过雨课堂、慕课堂、微信群和邮件，与学生进行课后在线交流，了解学生对本章知识的掌握情况，引导学生坚定文化自信。

（十一）反馈方式

1. 课前预习反馈

课前梳理知识点，检查课前学习任务清单完成情况，学生课前"我问你答"环节反馈在线学习情况，记录小组的准确率和参与率。解决学生自主学习遇到的疑问。针对学生的自测问题和讨论话题在课前3分钟开展。

2. 课堂采用及时反馈

教师鼓励学生提出问题，对学生研讨和分享环节遇到的共性问题和难点问题进行详细讲解，解决学生对我国经济运行发展的整体形势的认识误区；将对学生疑问的解答发送到慕课堂，同时将学生优秀作业和选做作业发布至SPOC平台。

3. 课后包括平台反馈和面对面反馈

针对学生课堂学习反馈的问题，通过教师在线解答和拓展资源在线分享解决。对作业进行面批面改，对小组分享成果及时点评。

三、《习近平新时代中国特色社会主义思想概论》之推动高质量发展

马克思主义认为，经济是基础，政治是经济的集中反映。经济工作是具体的、联系的，毛泽东同志说过，"一切问题的关键在政治"。经济基础决定上层建筑，推动高质量发展是经济建设的重要内容，是解决政治问题的核心。同时，"推动高质量发展"是习近平经济思想的重要组成部分，是当代中国马克思主义政治经济学的重要内容，在《习近平新时代中国特色社会主义思想概论》中既联系全面深化改革，又承接深化主义现代化建设的教育、科技、人才战略。因此，"推动高质量发展"在本门课程中承上启下，是培养学生将所学知识和才能投入社会主义现代化强国建设的重要内容。本章教学计划6学时。知识结构如图7-3所示。

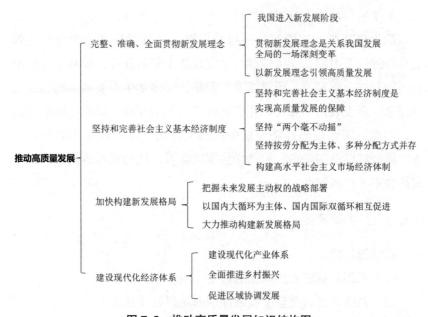

图 7-3 推动高质量发展知识结构图

（一）学情分析

1.学生知识经验分析

学生已在"马克思主义基本原理"课程中学习过"生产力与生产关系""经济基础与上层建筑"等知识，在"习近平新时代中国特色社会主义思想概论"中已学习"新时代坚持和发展中国特色社会主义""以中国式现代化全面推进中华民族伟大复兴"的相关内容，对社会主义基本经济制度、新发展理念有了初步了解，但是对高质量发展、新发展格局的认知不到位，对建设现代化经济体系理解模糊。

2.学生学习状态分析

通过对前五章的学习，学生主动性有所提高，但课堂参与讨论的深度有待提升，对高质量发展的系统思维还有待加强，需要提供适度有效的情景支持和问题引导，开展自主合作探究的混合式教学活动。

3. 学生学习能力分析

学生已熟悉"三学三疑一提升"混合式教学模式，大部分已养成良好的学习习惯。学生能够自主完成线上学习任务，课堂上能够围绕问题开展合学辩论、研学互动。但是，很多学生不能科学把握新发展理念、新发展格局和现代化经济体系之间的联系，缺乏逻辑整合能力，因此，需要聚焦经济发展中的现实问题，设计挑战性的学习任务，通过持续性的评价，推动学生深度学习，从而实现价值引领，坚定社会主义经济制度自信。

（二）学习目标

1. 知识目标

（1）深刻理解新发展理念的科学内涵和实践要求。

（2）熟练掌握高质量发展的深刻内涵和重大意义。

（3）深刻理解坚持和完善社会主义基本经济制度。

（4）正确把握构建的新发展格局。

2. 能力目标

（1）培养学生运用系统思维和辩证思维分析和解决问题的能力。

（2）培养学生运用将高质量发展与社会主义现代化建设相结合分析问题的能力。

（3）培养学生分析现代化经济现象背后的经济逻辑的能力。

3. 价值目标

（1）坚定中国特色社会主义经济制度的信心。

（2）投身以高质量发展推进中国式现代化。

（3）坚定为实现"第二个百年奋斗目标"努力奋斗的决心。

（三）教学内容

高质量发展是新时代我国经济社会发展的鲜明主题，是全面建设社会主义现代化国家的首要任务。党的十八大以来，以习近平同志为核心的党中央在领导新时代经济发展的实践中，深刻总结并充分运用我国经济发展的成功经验，从新的实际出发，提出一系列新理念新思想新战略，形成了习近平经济思想，为推动高质量发展提供了根本遵循。线上录制视频上传雨课堂平台，视频内容以基本知识为主；课堂重教学重点难点，通过师生互动完成；实践强调知信行合一，在实践基地通过具体任务完成。通过学生遇疑提疑、互动研讨、小组辩论、教师解疑等将线上线下教学内容的有机衔接，实现同频共振深度融合。本课教学内容及重难点见表7-8。

表 7-8　教学内容及重难点

线上教学内容	线下教学内容	线上线下衔接内容	教学重点难点
新发展阶段的内涵	新发展理念的实践要求	研讨：当我们在说"经济发展"的时候，我们到底在说什么呢？	重点：如何以新发展理念引领高质量发展
新发展理念的内涵	高质量发展的重大意义	研讨：高质量发展是"不一样"的发展，"不一样"意味着什么？	难点：新发展阶段与社会主义初级阶段是什么关系
新发展格局的内涵	构建以国内大循环为主体、国内国际双循环相互促进的新发展格局	研讨：如果要说明"天津的经济发展是高质量发展"，你会选择哪些数据与事实来支持这一观点呢？	重点：如何构建新发展格局
高质量发展的内涵	新发展阶段、新发展理念、新发展格局三者之间的关系	辩论：公有制经济更重要 VS 非公有制经济更重要	重点：建设现代化经济体系包含哪些方面
社会主义基本经济制度的新概括	坚持"两个毫不动摇"	辩论：市场在资源配置中作用大 VS 政府在资源配置中作用大	难点：如何构建初次分配、再分配、三次分配协调配套的基础性制度安排

通过在线、课堂和实践，教师可以引导学生明确把握新发展阶段、贯彻新发展理念的必要性，坚持和完善社会主义基本经济制度的主动性，加快构建新发展格局的必然性，建设现代化经济体系，以高质量发展推进中国式现代化的实践性。

（四）教学资源的选取

1. 线上教学资源

（1）自制视频资源

团队录制视频资源，自建辩论主题和研讨案例，引导学生在线学习、查找资料等，为课堂展示、辩论做好准备。

线上讨论题：当我们在说"经济发展"的时候，我们到底在说什么呢？

研讨主题：高质量发展是"不一样"的发展，"不一样"意味着什么？

如果要说明"天津的经济发展是高质量发展"，你会选择哪些数据与事实来支持这一观点呢？

辩论主题：公有制经济更重要 VS 非公有制经济更重要；市场在资源配置中作用大 VS 政府在资源配置中作用大。

（2）超星学习通资源

运用学习通视频资源：美丽乡村（4分5秒），垃圾分类迫在眉睫（3分50秒），京津冀协同发展（4分16秒），支持民营企业走向更广阔舞台（5分21秒）等，扩大学习半径，生动形象地解决学生自学中关于高质量发展的疑问。

（3）学习强国

推荐学生使用学习强国学习以高质量发展为主题的最新资源，其中有时代案例、学术文章、时事视频，便于学生将高质量发展及时与社会现实联系起来，做到学用结合。

①视频：天津：奋力谱写中国式现代化新篇章（1分51秒）。

②视频：重庆渝中：党建聚"链"引领楼宇经济高质量发展（3分28秒）。

③案例：以系统思维加快推进旅居养老高质量发展。

④学术文章:《以新的生产力理论指导高质量发展》。

2. 文献资源

向学生推荐教材、教辅用书、经典著作导读,注重教材内容的经典性、生动性。读经典有利于学生从源头上完整准确地理解高质量发展,做到知其然、知其所以然、知其所以必然。

(1)本书编写组:《习近平新时代中国特色社会主义思想概论》,高等教育出版社、人民出版社,2023 年 8 月。

(2)习近平:《深入理解新发展理念》,《求是》2019 年第 10 期。

(3)习近平:《把握新发展阶段,贯彻新发展理念,构建新发展格局》,《求是》2021 年第 9 期。

(4)习近平:《全党必须完整、准确、全面贯彻新发展理念》,《求是》2022 年第 16 期。

(5)习近平:《新发展阶段贯彻新发展理念必然要求构建新发展格局》,《求是》2022 年第 17 期。

(6)中共中央宣传部:《习近平经济思想学习纲要》,人民出版社、学习出版社 2022 年版。

(7)习近平:《当前经济工作的几个重大问题》,《求是》2023 年第 4 期。

(8)新华社国家高端智库:《迈向现代化强国的发展密码:习近平经济思想的时代特质和实践价值(中英文版)》,新华出版社 2023 年版。

3. 实践资源

根据高质量发展的基本理论,充分发掘京津冀的高质量发展资源,挖掘其中蕴含的育人要素,建立实践研学合作,开展内容丰富的实践活动。本课次要实践研学的基地是天开高教科创园,引导学生将所学理论与实践相结合,做到知信行统一,奉献社会。

4. 进阶资源

进阶资源作为选择性学习资源,可满足不同专业、不同学习程度的学生兴趣,便于其根据需要选择性地学习。学生中的团员、入党积极分子、中共党员更深入学习马克思主义经典文献,提高理论素养。

进阶资源有经典论述资源、延伸阅读资源、影视资料等。

（1）延伸阅读资源

①延伸阅读内容见表 7-9。

表 7-9　延伸阅读内容

延伸阅读	习近平在中央经济工作会议上的讲话（2017 年 12 月 18 日）	经济发展是一个螺旋式上升的过程，上升不是线性的，量积累到一定阶段，必须转向质的提升，我国经济发展也要遵循这一规律
	习近平在全国国有企业党的建设工作会议上的讲话（2016 年 10 月 10 日）	我国国有企业为我国经济社会发展、科技进步、国防建设、民生改善作出了历史性贡献，功勋卓著！功不可没！
	习近平在参加全国政协十二届四次会议民建、工商联界委员联组会时的讲话（2016 年 3 月 4 日）	非公有制经济在我国经济社会发展中的地位和作用没有变，我们毫不动摇鼓励、支持、引导非公有制经济发展的方针政策没有变，我们致力于为非公有制经济发展营造良好环境和提供更多机会的方针政策没有变
延伸阅读	习近平在中共中央政治局第三十八次集体学习时强调（2022 年 4 月 29 日）	资本是社会主义市场经济的重要生产要素，在社会主义市场经济条件下规范和引导资本发展，既是一个重大经济问题、也是一个重大政治问题，既是一个重大实践问题、也是一个重大理论问题，关系坚持社会主义基本经济制度，关系改革开放基本国策，关系高质量发展和共同富裕，关系国家安全和社会稳定
	习近平在省部级主要领导干部学习贯彻党的十九届五中全会精神专题研讨班上的讲话（2021 年 1 月 11 日）	加快构建新发展格局，就是要在各种可以预见和难以预见的狂风暴雨、惊涛骇浪中，增强我们的生存力、竞争力、发展力、持续力，确保中华民族伟大复兴进程不被迟滞甚至中断

②拓展影视资料

纪录片《大美中国：广东 200 亩黄花风铃木随风起舞，中央电视台出品。

纪录片《〈京津冀·瓣瓣同心〉之率先突破》，河北卫视出品。

（五）教学资源的制作和使用

本课次采用线上线下混合式教学，根据所教专业学生学情制作使用教学资源。

1. 线上教学资源的制作和使用

课前制作线上学习任务单，帮助学生完成课前自主学习。在线学习视频（6个）、在线讨论（3个）、课前测验（5道）、PPT（1套）、电子教材（1份）、基础知识问题（10个）、提出学习困惑（根据学习情况）。

超星学习通的视频案例与解析有助于学生进一步理解高质量发展的相关知识。学生可以线上查阅拓展资源深入学习。布置线上讨论主题，学生在线讨论，教师实时指导。布置任务：研讨主题和辩论主题，在线查找资料、案例、视频等，为课堂展示交流和辩论做好准备。

2. 线上线下教学资源的制作和使用

线上课前检测5分钟，通过雨课堂推送到学生手机端，5分钟后自动收卷并批改。教师根据后台的数据及时分析，重点讲解错误率较高的知识点。

课堂上学生借助图书资源、案例资源等深入研讨，小组代表分享讨论结果。

（1）当我们在说"经济发展"的时候，我们到底在说什么呢？

（2）高质量发展是"不一样"的发展，"不一样"意味着什么？

（3）如果要说明"天津的经济发展是高质量发展"，你会选择哪些数据与事实来支持这一观点呢？

辩论主题：公有制经济更重要 VS 非公有制经济更重要；市场在资源配置中作用大 VS 政府在资源配置中作用大

辩论小组现场辩论。学生自评、互评，教师点评。

教师通过视频案例：新时代十年，我国经济实力实现历史性跃升（2分51秒）解疑。

3. 实践资源的制作和使用

学生提前查找与高质量发展相关的人物和事件，充分发掘天津天开科教园在本课次教学中的作用，引导学生进一步掌握新发展理念、新发展格局、现代经济体系之间的关系。

（六）混合式教学模式设计

"三学三疑一提升"教学模式中，课前检测评估在线学习效果，及时解决线上自学预习遇疑，着重了解新发展理念的科学内涵，掌握新发展理念的实践要求；课堂灵活运用慕课堂、学习通、雨课堂等多媒体教学工具，学生合学辩论析疑、研学互动解疑，深入理解高质量发展的内涵。实践充分挖掘实践教育基地的公有制元素，实现知信行统一。同时，将上课实录上传至慕课平台，实现线下课堂教学的无限延伸；价值引领贯穿始终，强化学生高阶思维培养，引导学生坚定中国特色社会主义经济制度自信。

（七）混合式教学策略和方法

混合式教学过程中，充分利用慕课堂、超星学习通、雨课堂等平台，开展多元化教学活动，教学过程中分层设计推动高质量发展的内容：基础部分、进阶部分，采用以下策略和方法。

1. 理论与实践相结合的教学法

线上学习基础知识，课堂讲授重难点理论，实践研学实现学以致用。学生通过学习与参观深入理解高质量发展的深刻内涵、社会主义基本经济制度、新发展格局，做到知信行相统一。教学用运用视频案例"我国北斗产业进入高质量发展阶段"，引导学生思考高质量发展的实践要求是什么。实践研学带领学生参观天开科技园，引导学生在参观研学中坚定社会主义经济制度自信，积极投身现代化强国建设。

2. 问题导向和目标导向教学法

混合式教学模式中的"三疑""三学"坚持了问题导向和目标导向。本课次用以下问题导引教学：高质量发展是"不一样"的发展，

"不一样"意味着什么？如果要说明"天津的经济发展是高质量发展"，你会选择哪些数据与事实来支持这一观点呢？紧扣教学目标，提高学生解决问题的思维能力，着眼推动高质量发展的教学实效性。

3. 课堂讲授与合作探究教学法

混合式教学过程中，教师对学习难点"坚持'两个毫不动摇'"层层深入、答疑解惑，提高课堂讲授的针对性。对学习重点和学生关注点，通过启发式提问、小组研讨、小组辩论、小组展示等环节，打通教材和学生之间的对接点。以理论的逻辑力量和合作探究的积极性唤醒学生，深化学生对公有制经济的理解和运用。

（八）混合式教学实施方案

本课次共 6 学时。线上 2 学时，课堂 2 学时，实践 2 学时。线上资源是自制教学视频、超星学习通的视频案例、学习强国的时事案例等；线下资源以教材为主，教辅资料、进阶资源为辅。线上 2 学时，其中 1 学时在线学习慕课视频，1 学时线上查找资料、线上研讨；课堂 2 学时，包括教师讲授和小组合作探究等教学活动。实践 2 学时，包括学时寻宝打卡、撰写感悟、拍摄视频和撰写调研报告。具体实施过程如表 7-10 所示。

表 7-10　教学实施方案

教学步骤	授课内容及过程	教学方法和意图
线上学习 90 分钟	1. 慕课堂发布线上学习任务，引导学生自学预习遇疑：学习视频并完成在线讨论、在线测验等 2. 线上布置课堂研讨和辩论主题，学生遇疑提疑，教师实时指导。通过学习《拆除"篱笆"、培育"土壤"——全国统一大市场建设取得初步成效》《政务服务跨界联通　打造长三角民生幸福圈》等视频案例，使学生更好地理解相关知识点，促进学习交流	"三学三疑一提升"问题教学法。学生视频学习获取知识，完成自学预习任务，培养学生自学能力，为线下课堂师生互动奠定基础，提高课堂参与度

续表

教学步骤	授课内容及过程	教学方法和意图
复习回顾 教师讲解 6分钟	1. 总结线上学习内容，通过我问你答环节，检查学生自学效果，并及时点评：新发展理念的科学内涵、高质量发展的深刻内涵、推动构建新发展格局的重大举措等 2. 教师结合PPT讲解学生掌握不到位的知识：新发展阶段面临的问题与挑战	"三学三疑一提升"师生互动教学法。我问你答环节。巩固在线学习重点内容，为线下授课奠定基础
案例导入 3分钟	1. 教师提出思辨问题，播放视频案例《现代产业，有"服"同享！》引出问题：如何理解新发展阶段与社会主义初级阶段的关系？ 2. 学生观看视频、积极思考提出问题	"三学三疑一提升"案例教学法。锻炼学生的知识迁移能力，实现对理论知识更深刻的理解
教学目标 3分钟	教学目标： 1. 知识目标：深刻理解新发展理念的科学内涵和实践要求；熟练掌握高质量发展的深刻内涵和重大意义；深刻理解坚持和完善社会主义基本经济制度；正确把握构建的新发展格局 2. 能力目标：培养学生运用系统思维和辩证思维分析和解决问题的能力；将高质量发展与社会主义现代化建设相结合分析问题的能力；分析现代化经济现象背后的经济逻辑的能力 3. 价值目标：坚定中国特色社会主义经济制度信心；投身以高质量发展推进中国现代化；坚定为实现"第二个百年奋斗目标"努力奋斗的决心	"三学三疑一提升"目标导向教学法。明确目标，学生学习时注重目标的达成

续表

教学步骤	授课内容及过程	教学方法和意图
知识前测 4分钟	雨课堂自动批阅并公布正确答案，教师进一步讲解易错基础知识 　1. 发展格局是经济现代化的路径选择，是关系我国发展全局的重大战略任务。立足新发展阶段，贯彻新发展理念，要致力构建以国内大循环为主体、国内国际双循环相互促进的新发展格局。构建新发展格局的关键在于（A） 　A. 经济循环的畅通无阻 　B. 市场主体的活力 　C. 高水平的自立自强 　D. 产业链供应链的优化升级 　2. 湿地保护是生态文明建设的重要内容。古往今来，人类逐水而居，文明伴水而生，人类生产生活同湿地有着密切联系。十年来，我国大力推进生态文明建设，加强湿地保护修复，构建保护制度体系，出台《湿地保护法》，使湿地生态状况得以持续改善。目前，我国湿地面积达到5635万公顷。在《湿地公约》认定的43个国际湿地城市中，我国13个城市入选，是全球入选国际湿地城市数量最多的国家。湿地保护有利于（A） 　A. 促进人与自然和谐共生 　B. 推行草原森林河流湖泊湿地休养生息 　C. 提升生态系统多样性、稳定性、持续性 　D. 发挥湿地功能，推进可持续发展，应对气候变化	"三学三疑一提升" 前测：掌握学生对在线知识的掌握程度，有针对性地开展课堂教学

续表

教学步骤	授课内容及过程	教学方法和意图
教师讲解线上困惑10分钟	讲解线上困惑。以中国新能源汽车在全球跑出"中国速度"的事例引导学生思考我国新能源汽车何以迈入规模化、全球化的高质量发展新阶段	"三学三疑一提升"解疑释疑。引导学生正确理解实体经济对于实现高质量发展具有重要意义
教师指导学生深入研讨10分钟	1. 引导学生分小组讨论：新发展阶段与社会主义初级阶段是什么关系？如果要说明"天津的经济发展是高质量发展"，你会选择哪些数据与事实来支持这一观点呢？ 2. 引导学生分小组辩论：公有制经济更重要 VS 非公有制经济更重要；市场在资源配置中作用大 VS 政府在资源配置中作用大	"三学三疑一提升"参与式学习。通过以学生为主体的教学，提升学生团队合作意识和合作探究学习能力。
小组分享交流成果教师点评7分钟	教师首先通过案例引导学生正确认识历史方位和发展阶段，是我们党明确各个阶段中心任务、制定正确路线方针政策的根本依据，也是推进社会主义现代化建设事业、推动我国经济社会顺利发展的重要经验；然后由学生分享研讨成果，并及时进行师生互动。 1. 分享交流成果：新发展阶段与社会主义初级阶段是什么关系？ 2. 学生互问互答，加深对历史方位和发展阶段的理解	"三学三疑一提升"互动研学。通过翻转课堂将实践观与社会生活相结合。与学生分享"绿色电能全覆盖湖北首个'零碳'村"案例，引导学生深刻把握实践的本质

续表

教学步骤	授课内容及过程	教学方法和意图
教师析疑 5分钟	1. 基于学生展示交流中的问题，教师讲授新常态下我国经济发展的主要特点：增长速度要从高速转向中高速，发展方式要从规模速度型转向质量效率型，经济结构调整要从增量扩能为主转向调整存量、做优增量并举，发展动力要从主要依靠资源和低成本劳动力等要素投入转向创新驱动 2. 讲清楚二者之间的关系：新发展阶段包含在社会主义初级阶段之内，不是社会主义初级阶段之外的一个阶段；新发展阶段是经过几十年积累、站到了新的起点上的一个阶段，必须认识把握它的新内涵	"三学三疑一提升"教师主导。教师发挥主导作用，答疑解惑，引导学生深刻理解新常态下我国经济发展的特点
小组分享 交流成果 教师析疑 7分钟	1. 小组代表通过案例："推动实现'双碳'目标 书写绿色发展答卷"分享五大发展理念。 2. 教师运用《从"十三五"到"十四五"，新发展理念引领我国经济社会高质量发展》（1分58秒）讲解新时代中国绿色发展的核心理念	"三学三疑一提升"互动合学。通过翻转课堂引导学生深刻完整、准确、全面贯彻新发展理念
小组辩论 学生提问 7分钟	1. 正反双方通过案例、素材等，从多方面多角度进行辩论：公有制经济更重要 VS 非公有制经济更重要。 2. 学生提问，辩论小组成员回应学生疑问	"三学三疑一提升"辩论研学。引导学生深刻理解"两个毫不动摇"的重大意义

续表

教学步骤	授课内容及过程	教学方法和意图
教师析疑 5分钟	根据辩论中学生提出的问题：一些人否定公有制经济，大谈"国有企业垄断论"，鼓吹"私有化""去国有化"，恶意攻击、抹黑国有企业，宣扬"国企不破，中国不立"，这类论调错在哪里？ 教师以此辨明这类论调的实质，引导学生明确国有企业是中国特色社会主义的重要物质基础和政治基础，关系公有制主体地位的巩固，关系我们党的执政地位和执政能力，关系我国社会主义制度	"三学三疑一提升"教师点拨。引导学生认识到国有企业为我国经济社会发展、科技进步、国防建设、民生改善作出了历史性贡献
小组辩论 教师点拨 7分钟	1. 正反双方围绕主题：市场在资源配置中作用大 VS 政府在资源配置中作用大 2. 教师运用案例"从1000万辆到2000万辆仅用17个月，这个提速很提气！"讲清楚建设现代化经济体系是我国发展的战略目标，是推动高质量发展、全面提高经济整体竞争力的必然要求	"三学三疑一提升"辩论研学、师生互动。通过辩论互学，引导学生深刻理解在全面建设社会主义现代化国家新征程上，全面推进乡村振兴是重点工作
学生提问 师生答疑 5分钟	学生提出：一段时间以来，诸多监管举措多涉及非公有制经济和民营企业，海内外一些舆论又开始炒作"民营经济离场论"，操弄所谓"国进民退"等话题。这类论调错在哪里？ 讲清楚民营经济是推动社会主义市场经济发展的重要力量。引导学生深刻理解迈上新征程，要加快营造市场化、法治化、国际化一流营商环境，促进民营经济做大做优做强。党中央始终把民营企业和民营企业家当作自己人，在民营企业遇到困难的时候给予支持，在民营企业遇到困惑的时候给予指导，不断优化民营企业发展环境，引导民营经济健康发展高质量发展。	"三学三疑一提升"教师主导。要坚持公有制为主体、多种所有制经济共同发展，把公有制经济发展和非公有制经济发展统一于社会主义基本经济制度之中

续表

教学步骤	授课内容及过程	教学方法和意图
学生提问 师生答疑 5分钟	习近平总书记指出，任何想把公有制经济否定掉或者想把非公有制经济否定掉的观点，都是不符合最广大人民根本利益的，都是不符合我国改革发展要求的，因此也都是错误的	"三学三疑一提升"教师主导。要坚持公有制为主体、多种所有制经济共同发展，把公有制经济发展和非公有制经济发展统一于社会主义基本经济制度之中
学生互评 教师点评 5分钟	1. 小组代表简述本节课自己的提高收获之处，并阐述课程对自己的影响，学生自评、互评学习效果 2. 学生对小组分享、辩论、提问等环节进行主观评价 3. 教师点评学生本节课的综合表现，对优秀学生进行表扬，并根据学生评价给出星级评价	"三学三疑一提升"师生点评。发挥学生主体作用和教师主导作用，共同评价翻转课堂的实效
归纳总结 4分钟	教师归纳总结本节课教学主要内容 1. 高质量发展是新时代我国经济社会发展的鲜明主题，是全面建设社会主义现代化国家的首要任务 2. 以新发展理念为引领推动高质量发展 3. 坚持"两个毫不动摇"，坚持按劳分配为主体、多种分配方式并存，构建高水平社会主义市场经济体制 4. 加快构建以国内大循环为主体、国内国际双循环相互促进的新发展格局 5. 建设现代化经济体系，推动我国经济发展焕发新活力、迈上新台阶	"三学三疑一提升"目标导向总结提升。引导学生掌握知识目标，加深学生的情感认同，投身社会主义现代化强国建设
分层作业 2分钟	必做： 1. 绘制本次课思维导图 2. 查找天开高教科创园与高质量发展之间的关系 选做：请同学们分享扎根基层一线，为乡村振兴贡献力量的青年事例，谈谈自身所学如何与乡村实践结合起来，助力乡村振兴	"三学三疑一提升"分层教学法。根据学生情况和需求，分层设置作业形式，培养学生学以致用解决复杂问题的能力，实现能力拓展

续表

教学步骤	授课内容及过程	教学方法和意图
实践教学 90分钟	行走课堂实践 习近平总书记强调:"新发展理念五大方面既有各自内涵,更是一个整体。要树立全面的观念,克服单打一思想,不能只顾一点不及其余。要遵循经济社会发展规律,重大政策出台和调整要进行综合影响评估,不搞'急就章'、'一刀切'。"新发展理念集中反映了我们党对经济社会发展规律认识的深化,极大丰富了马克思主义发展观。 带领同学们参观天开高教科创园,深刻理解创新是引领发展的第一动力,发展动力决定发展速度、效能、可持续性。结合习近平总书记的讲话精神,把创新发展主动权牢牢掌握在自己手中,谈谈自己对创新的理解	"三学三疑一提升"实践教学。将理论与实践相结合,以学习专业知识增强本领推动创新向纵深处发展,引导学生深刻认识到自己在推动高质量发展中的作用,做到知行合一
	运用线上线下相结合的方式,在学习通平台,展示学生实践活动效果。线上线下考核主要由以下四个方面:"四位一体"实践设计:打卡—感悟—微视频—调研报告	"三疑三学一提升"实践教学。将教学与实践相结合,实现学以致用,启智润心,激励学生为建设社会主义现代化强国贡献青春力量
	1. 寻宝打卡:带着课前任务寻找打卡地点。实时关注学生在天开高教科创园的参观学习状态	"三疑三学一提升"实践教学。推荐优秀视频参加市大学生讲思政课比赛,实现理论与实践的良性互动,以赛促学。
	2. 撰写感悟:学生将参观的实时感悟提交学习通平台,教师将优秀的感悟推送至平台展示	培养学生灵活运用知识的能力,培养学生创新思维、求真务实、探索创新的科学精神,实现线上线下混合式教学闭环。

教学步骤	授课内容及过程	教学方法和意图
实践教学 90分钟	3. 拍摄微视频：小组分工协作，选择切入点用新发展理念分析天开高教科创园蕴含的理念，拍摄微视频上传平台。通过交流分享，将所学理论与感悟历史相结合，激发学生为推动高质量发展贡献力量的信心和决心。优秀视频链接分享到推优平台	"三疑三学一提升" 实践教学。推荐优秀视频参加市大学生讲思政课比赛，实现理论与实践的良性互动，以赛促学。
	4. 调研报告：将参观内容与认识论相结合，加深对高质量发展理解。调研报告包括选题目的、事件经过、参观感受、哲学分析等内容，1000字以上。优秀调研报告在平台进行推优展示	培养学生灵活运用知识的能力，培养学生创新思维、求真务实、探索创新的科学精神，实现线上线下混合式教学闭环。

（九）课堂延伸

为实现线上线下、课内课外、理论实践全过程全方位立体化的"三学三疑一提升"教学模式，将推动高质量发展与新时代大学生的实际相结合，与我国社会主义现代化强国建设相结合，与习近平新时代中国特色社会主义思想相结合，推动党的创新理论进教材、进课堂、进学生头脑，提升学生的学习体验、学术视野和家国情怀。

带领学生走进天开高教科创园等地，将教学从三尺讲台延伸到万里江山，使学生在思政实践教学中感知高质量发展的方方面面，培养学生创新思维、探索创新的科学精神，增强学生坚定社会主义经济制度的信心，投身社会主义现代化强国建设。

（十）学习评价方式

本课次采用多元评价方式，既评价线上学习效果，又评价线下学习过程，兼顾对个人和小组的评价。线上评价来自慕课堂、雨课堂平台记录，线下评价来自课堂观察和主观评价。

1. 课前（线上）

（1）通过超星学习通、雨课堂等平台提供数据，了解学生在平台学习完成度。

（2）学生完成预习和在线章节检测情况，平台自动评分。

（3）学生在平台讨论区提出问题、参与讨论情况，平台自动给出成绩。

2. 课中（线下）

（1）课程签到情况。上课前通过慕课堂二维码扫码完成，平台自动显示学生出勤情况。

（2）通过与学生眼神交流和互动，分析学生分组讨论和辩论情况，观察学生在教学过程中的投入程度，判断本节教学设计内容组织和节奏控制的合理性。

（3）通过学生在课堂分组讨论，以提问形式判断学生对推动高质量发展的理解程度，判断学生对推动高质量发展的理论联系实际能力。

3. 课后

（1）通过撰写感悟、拍摄微视频、撰写调研报告，考察学生对推动高质量发展的应用能力。

（2）通过雨课堂、慕课堂、微信群和邮件，与学生进行课后在线交流，了解学生对本章知识的掌握情况，学生积极融入国家发展战略的决心。

（十一）反馈方式

1. 课前预习反馈

课前梳理知识点，检查课前学习任务清单完成情况，学生课前"我问你答"环节反馈在线学习情况，记录小组的准确率和参与率。解决学生自主学习遇到的疑问。针对学生自测问题和讨论话题在课前

3 分钟开展。

2. 课堂采用及时反馈

教师鼓励学生提出问题，对学生研讨和分享环节遇到的共性问题和难点问题进行详细讲解，纠正学生对我国经济运行发展的整体形势的认识误区，将学生疑问的解答发送到慕课堂，同时将学生优秀作业和选做作业发布至 SPOC 平台。

3. 课后包括平台反馈和面对面反馈

针对学生课堂学习反馈的问题，通过教师在线解答和拓展资源在线分享解决。对作业进行面批面改，对小组分享成果及时点评。

参考文献

1. 马克思恩格斯文集（第1–10卷）［M］.北京：人民出版社，2009.

2. 黑格尔.小逻辑［M］.贺麟，译.北京：商务印书馆，1980：412.

3. 文化与空间［M］.上海：上海人民出版社，2018：194.

4. 约翰·杜威.民主主义与教育［M］.王承旭，译.北京：商务印书馆，1990：132.

5. 袁贵仁.马克思主义人学理论研究［M］.北京：北京师范大学出版社，2017：98.

6. 张江明.社会主义社会主客体辩证法［M］.北京：人民出版社，1993：19—21.

7. 李剑萍，魏薇.教育学导论［M］.北京：人民出版社，2000：281.

8. 任平，孙文云.现代教育学概论（第二版）［M］.广州：暨南大学出版社，2013：253—255.

9. 孙自强，王标.国外经典教学模式论［M］.北京：科学出版社，2017：217.

10. 郭洋波，秦玉峰.教育学［M］.北京：人民出版社，2013：278.

11. 李剑萍，魏薇.教育学导论［M］.北京：人民出版社，2000：248—251.

12. 张承芬，宋广文.心理学导论［M］.北京：人民出版社，2001：329—330.

13. 闫艳.交往视域中的思想政治教育［M］.北京：人民出版社，

2011：94—96.

14. 元青.杜威与中国［M］.北京：人民出版社，2001：46.

15. 赵祥麟，王承绪.杜威教育论著选［M］.上海：华东师大出版社，1981：369.

16. 杜威.我们怎样思维［M］.姜文闵，译.北京：人民教育出版，2005：16.

17. 郑国玉.民主思想家——杜威［M］.北京：人民出版社，2011：95—96.

18. 柯清超.超越与变革：翻转课堂与项目学习［M］.北京：高等教育出版社，2016：3.

19. 夏侯建兵."五维一体"网络育人新探索［M］.北京：人民出版社，2019：203.

20. 李贺.以学生为中心的教学课堂重构与创新［M］.北京：电子工业出版社，2017：31.

21. 豆海湛，王林发.体验教学的策略与方法［M］.福州：福建教育出版社，2017：2.

22. 赵祥麟.外国教育家评传：第2卷［M］.上海：上海教育出版社，1992：532.

23. 许明.当代国外大学本科教学模式的改革与创新［M］.福州：福建教育出版社，2013：50.

24. 李宏刚.大学生的主体自觉：理论探索与实践创新［M］.镇江：江苏大学出版社，2018.

25. 夏征农.辞海（缩印版）［M］.上海：上海辞书出版社，2002：1185.

26. 丁证霖，赵中健，乔晓冬，等.当代西方教学模式［M］.太原：山西教育出版社，1992.

27. 杨小微.中小学教学模式［M］.武汉：湖北教育出版社，1990：4.

28. 黄甫全，王本陆.现代教学论学程（修订版）［M］.北京：教育科学出版社，2003：443.

29. 刘本固教育评价的理论与实践 ［M］.杭州：浙江教育出版社，2000.

30. 柳夕浪.课堂教学临床指导 ［M］.北京：人民教育出版社，1998.

31. 刘要悟.教学评价基本问题研究 ［M］.兰州：甘肃文化出版社，1997.

32. 余林.课堂教学评价 ［M］.北京：人民教育出版社，2007.

33. 崔允漷.有效教学 ［M］.上海：华东师范大学出版社，2009.

34. 蔡慧琴.课堂教学策略 ［M］.重庆：重庆大学出版社，2008.

35. 余文森.有效教学十讲 ［M］.上海：华东师范大学出版社，2009.

36. 魏书敏.教师职业技能训练 ［M］.北京：中国人民大学出版社，2011.

37. 苏霍姆林斯基.给教师的建议 ［M］.杜殿坤，编译.北京：教育科学出版社，1984.

38. 黄光扬.教育测量与评价 ［M］.上海：华东师范大学出版社，2002.

39. 覃兵.课堂评价策略 ［M］.北京：北京师范大学出版社，2010.

40. 戴莹.教学设计研究 ［M］.广州：世界图书出版广东有限公司，2014.

41. 金陵.翻转课堂与微课程教学法 ［M］.北京：北京师范大学出版社，2015.

42. 陈晓刚，蓝春娣.中国高等教育教学模式研究——基于MOOC视角 ［M］.北京：经济管理出版社，2021.

43. 陈玉琨.慕课与翻转课堂导论 ［M］.上海：华东师范大学出版社，2014.

44. 习近平.思政课是落实立德树人根本任务的关键课程 ［J］.

求是，2020（17）：4—16.

45. 张志勇 . 对教学模式的若干理论思考［J］. 中国教育学刊，1996（08）：35—38.

46. 万伟 . 三十年来教学模式研究的现状、问题与发展趋势［J］. 中国教育学刊，2015（01）：60—67.

47. 吕渭源 . 教学模式·教学个性·教学艺术［J］. 中国教育学刊，2000（01）：29—32.

48. 余清臣，徐苹 . 当代课堂教学模式改革的实践内涵：一种反思的视角［J］. 教育科学研究，2014（01）：15—18.

49. 邓验，贺荼湘 . 高校思政课有效教学：要素构成、问题剖析与完善路径［J］. 大学教育科学，2023（06）：52—63.

50. 李长吉，张晓君 . 教师反思的三重境界［J］. 课程·教材·教法，2023，43（10）：139—147.

51. 郭丽君，廖思敏 . 智能时代大学教学生态系统：演化逻辑、现实隐忧与发展向度［J］. 现代大学教育，2023，39（04）：93—100，113.

52. 高松 . 慕课西行打造数字化教学生态［J］. 中国高等教育，2023（02）：52—54.

53. 郝保英，王涛 . "大思政课"视域下高校思政课的实践性论析［J］. 思想理论教育导刊，2022（10）：106—112.

54. 王陆，赵宇敏，张薇 . 突破与重构：教师教学行为改进的理论模型［J］. 电化教育研究，2022，43（08）：5—12，20.

55. 杨帆，赵蔚 . 新媒体时代高校思政课自主学习的实施路径［J］. 人民论坛，2022（09）：65—67.

56. 高筱卉，赵炬明 . 合作学习法的概念、原理、方法与建议［J］. 中国大学教学，2022（05）：87—96.

57. 吴其玥，赵光好 . 新媒体时代高校思政课课程建设刍议［J］. 学校党建与思想教育，2022（09）：69—71.

58. 刘庆昌 . 夸美纽斯《大教学论》中的知识组织学［J］. 陕西

师范大学学报（哲学社会科学版），2021，50（06）：105—125.

59. 白双翎.高校思政课教学评价指标体系构建研究［J］.现代教育管理，2021（09）：49—55.

60. 张玉华，顾春华，马前锋.高校思政课双线混融教学模式的建构［J］.学校党建与思想教育，2021（12）：51—53.

61. 袁堂卫，张志泉.网络空间主流意识形态话语权的价值意蕴、问题研判与优化策略［J］.思想教育研究，2021（05）：90—95.

62. 杜艳艳.新媒体时代提升高校思政课亲和力的策略［J］.学校党建与思想教育，2021（04）：41—43.

63. 张博，张世昌.高校思政课混合式教学整体性的三个协同［J］.思想政治教育研究，2020，36（06）：98—101.

64. 陈佑清，余潇.学习中心教学论［J］.课程·教材·教法，2019，39（11）：89—96.

65. 李泽林，伊娟.人工智能时代的学校教学生态重构［J］.课程·教材·教法，2019，39（08）：34—41.

66. 马英华.教学价值生成视域下高校思政课载体探究［J］.黑龙江高教研究，2016（01）：99—101.

67. 刘君玲，许爱红，王坦.论"六步三段两分支"教学过程模型［J］.四川师范大学学报（社会科学版），2015，42（06）：70—77.

68. 郭广生，赵曙东.以"教会学生学习"引领教与学的改革［J］.中国高等教育，2013（23）：39—41.

69. 王鉴，姜振军.论现代教学论的发展基础［J］.西北师大学报（社会科学版），2013，50（06）：86—90.

70. 李轶芳.交往教学视域中的教学客体新解［J］.湖南科技大学学报（社会科学版），2010，13（04）：134—136.

71. 韦廷柴，赵金和.高校思想政治理论课教学载体建设探析［J］.思想理论教育导刊，2010（04）：64—66.

72. 李森，潘光文.从美国教学论流派的创生看中国教学论的发展［J］.课程·教材·教法，2008（03）：18—23.

73. 张少慧.当代大学生思想状况调查分析及对策研究［J］.高教探索，2006（06）：82—84.

74. 蔡丽华.试论网络德育过程及其规律［J］.当代世界与社会主义，2006（05）：145—148.

75. 岳伟，王坤庆.主体间性：当代主体教育的价值追求［J］.华东师范大学学报（教育科学版），2004（02）：1—6+36.

76. 季爱民.试析灌输对道德教育的影响［J］.教师教育研究，2004（01）：51，65—67.

77. 袁昱明.网络教育与个别化学习［J］.电化教育研究，2002（10）：49—53.

78. 李长吉.教学主客体关系问题三论［J］.上海教育科研，2000（04）：7—11.

79. 蔡宝来.传统教学论的产生及发展历程［J］.教育研究，2000（06）：60—65.

80. 王晓东.交往理论研究中的若干问题［J］.求是学刊，2000（03）：23—26.

81. 胡玲琳.传统教学论与现代教学论——历史反思与继承发展［J］.社会科学家，1999（S1）：103—104.

82. 兰英.主体教学论初探［J］.西南师范大学学报（哲学社会科学版），1999（01）：51—55.

83. 王坦.关于教学概念的思考［J］.教育评论，1998（02）：38—39.

84. 中共中国人民大学委员会.培养什么人 怎样培养人 为谁培养人［J］.求是，2020（17）：44—49.

85. 万俊人.人为什么要有道德？（上）［J］.现代哲学.2003（1）：65—75.

86. 隋牧蓉，卢黎歌.论道德教育在个体道德自觉形成中的建构、塑造与统合功能［J］.探索，2022（02）：179—188.

87. 王结发. 思政课教学中的能动参与者培育——基于互动仪式链理论的分析 [J]. 思想政治课教学，2023（08）：29—32.

88. 习近平在中国人民大学考察时强调：坚持党的领导传承红色基因扎根中国大地 走出一条建设中国特色世界一流大学新路 [N]. 光明日报，2022-4-26（01）.

89. 习近平. 在哲学社会科学工作座谈会上的讲话 [N]. 光明日报，2016-05-19（06）.

90. 习近平. 把思想政治工作贯穿教育教学全过程 开创我国高等教育事业发展新局面 [N]. 光明日报，2016-12-09（01）.

91. 刘三宝，于久霞. 以新媒体矩阵赋能高校网络思政创新 [N]. 光明日报，2024-01-30（13）.